姑苏符号

苏州名人故居

《姑苏符号》编委会 编

苏州新闻出版集团
古吴轩出版社

图书在版编目（CIP）数据

姑苏符号. 苏州名人故居 /《姑苏符号》编委会编
. -- 苏州：古吴轩出版社, 2019.12（2023.8重印）
ISBN 978-7-5546-1435-8

Ⅰ. ①姑… Ⅱ. ①姑… Ⅲ. ①苏州 - 概况 Ⅳ.
①K925.33

中国版本图书馆CIP数据核字(2019)第239319号

策　　划：唐伟明　陆月星
顾　　问：叶正亭
特约专家：柯继承　余　嘉
责任编辑：陆月星
见习编辑：张雨蕊
装帧设计：刘雨馨
封面设计：刘雨馨
责任校对：鲁林林
插　　画：星　火　刘雨馨
摄　　影：于　祥　包　兰　钟敏强　徐　怡
唐伟明　陆月星　韩桂丽　张雨蕊 等

书　　名：姑苏符号 · 苏州名人故居
编　　者：《姑苏符号》编委会
出版发行：苏州新闻出版集团
古吴轩出版社
地址：苏州市十梓街458号　　邮编：215006
电话：0512-65233679　　传真：0512-65220750
出 版 人：王乐飞
印　　刷：无锡市证券印刷有限公司
开　　本：787mm × 1092mm　1/16
印　　张：8.25
版　　次：2019年12月第1版
印　　次：2023年8月第2次印刷
书　　号：ISBN 978-7-5546-1435-8
定　　价：35.00元

编委会

人物介绍

文文

小学生，性格憨厚，有时候又有点小迷糊，喜欢阅读，遇到想不通的问题喜欢打破砂锅问到底。他的理想是长大后成为一名博学的工程师。

文文的同学，性格开朗，喜欢打抱不平，同学中的开心果，有责任心，做事认真。长大后他想成为一名酷酷的飞行员。

小美

文文的邻居，幼儿园、小学同班同学，平时有点爱臭美，有点冷幽默，做事很有自己的主见。她想成为一名艺术家，因为弹琴、画画、跳舞她都在行。

第三单元　潘世恩故居

第四单元　顾文彬故居

社会实践课活动地图

唐寅故居
谢家福故居
费仲琛故居
桃花坞大街
西中市
东中市
中街路
人民路
苏州中医药博物馆
景德路
景德路
养育巷
曲园
天官坊
过云楼
干将西路
道前街
道前街
侍其巷
书院巷
新市路
新市路
苏州文庙
瑞光塔
陆巷惠和堂

苏州名人故居

寺塔
齐门路
北街
拙政园
东北街
百家巷
狮子林
塔西路
白塔东路
临顿路
仓街
前街
洪钧故居
平江路
庞莱臣故居
潘世恩故居
张凤翼故居
干将东路
凤凰街
周瘦鹃故居
双塔
梓街
十梓街
叶圣陶故居
十全街
十全街
李根源故居
带城桥路
竹辉路
辉路

王鏊故居关键词

★ 怡老园、天官坊

★ 苏州砖雕博物馆（清荫堂）

★ 陆巷惠和堂

★ 大学士王鏊、《姑苏志》

★ 海内文章第一，山中宰相无双。——［明］唐寅

第一单元

王鏊故居

1 王鏊故居

苏博士导读

苏州有一条学士街，同学们去过吗？

我去过！南接胥门百花洲公园，北通吴趋坊！

那你们知道街名中的“学士”指的是谁吗？

他是明代文渊阁大学士王鏊。他很有才华，唐伯虎、祝枝山等人都尊他为老师。

王鏊到底是个什么样的人物呢？让我们先去他的故居探访一番吧！

苏博士课堂

王鏊是苏州历史上的一位名臣，他的故居在天官坊和肃封里一带。门前大街原先多药材店，名药市街，又因王鏊是文渊阁大学士、武英殿大学士，得名学士街。藏于街巷深处的王鏊故居最初名叫怡老园，是王鏊的长子王延喆为父亲

建造的。王鏊辞官还乡后，仍然牵挂着国家大事，为动荡的朝局担忧不已。王延喆见父亲心中不快，于是仿照故乡洞庭东山景物，在苏州城里建造了怡老园，希望父亲能够放松心情，在怡老园里安度晚年。

据文献记载，当时的怡老园占地颇广，前为柱国坊，后为天官坊，旁枕夏驾湖。建成后的怡老园苍翠极目，宏阔大气。王鏊博学多才，在文坛极有影响力，怡老园一时成为吴中名士的聚集之所，沈周、吴宽、唐寅等人都曾在这里与王鏊对饮畅谈。交往酬酢（zuò）之余，王鏊也不忘著书立说，《姑苏志》就是这一时期的一部力作。

王鏊辞官回到苏州后，发现苏州的地方志很久没有续写修订了，以前写成的地方志也有很多失散了。于是他邀请当时苏州的文人一起探讨，编写了一部整整六十卷的《姑苏志》，包含了地域、山水、风俗、户口、城池、寺观、古迹、纪事、杂事等共三十一门的内容，丰富而全面。

王鏊去世后，怡老园就传给了长子王延喆，再传给曾孙王禹声等，一直传了百余年，这座园子始终保持原有风貌。可惜到了清初，怡老园渐露衰败之象。康熙年间，怡老园南部被改建成了江苏布政使衙署，北部天官坊一带房屋在乾隆年间为徽商陆义庵所购，更名为嘉寿堂。

如今，怡老园已经散为好几个部分，一部分成为苏州古城里最原汁原味的民居，一部分成了苏州市教师发展中心，还建有苏州砖雕博物馆、别致民宿等。怡老园原貌虽已不再，但它承载着名人历史，融入了平淡生活，继续呈现着自己持久的生命力。

拓展问答

大学士是做什么的？文渊阁大学士、武英殿大学士有什么区别呢？

明朝初期的大学士是皇帝的顾问，后来渐渐变成内阁长官，替皇帝起草诏令，批阅奏章，商讨政务。大学士都以殿、阁名入衔，明朝有中极殿、建极殿、文华殿、武英殿大学士和文渊阁、东阁大学士。

地方志是什么？听起来像是一本百科全书呢！

志，就是“记述、记载”的意思。地方志可以说是全面记载某地某时期的自然、社会、政治、经济、文化等方面情况的书籍文献，可以说是地方的百科全书，如果你对明朝的苏州感兴趣，就去读一读《姑苏志》吧！

课外活动

去学士街走一走，找到王鏊故居，跟爸爸、妈妈分享你了解到的王鏊生平，并以大事记的形式记录下来。

2 苏州砖雕博物馆（清荫堂）

苏博士导读

参观了王鏊故居，给你们留下印象最深的是什么呀？

王鏊的故居实在太难找了，我跟着爷爷这个老苏州都费了不少工夫。

对的，幸好让我寻到了小巷深处那座古色古香的砖雕博物馆。

推开不起眼的小门，真是让人感觉别有洞天。令我印象最深的是虽然有些破败，仍然十分气派的砖雕门楼。

你们都是有心人。说起砖雕门楼，大家可能会想到苏州东山明善堂的门楼，它建造于明朝，保存完好，其雕刻之精，在江南地区明代建筑中是十分罕见的。今天，我们探索苏州砖雕博物馆后，相信你们对苏州的砖雕文化会有更深的理解！

苏博士课堂

苏州砖雕博物馆所在之处为清荫堂，原是嘉寿堂整个宅院中的花厅。砖雕，顾名思义，就是在青砖上雕出山水、花卉和人物等图案，是中国古建筑雕刻中一种很重要的艺术形式。而素有“南方之秀”之誉的苏式砖雕，是南方砖雕艺术最重要的代表，明代就形成了

自己的风格，清代时，特别是康熙、乾隆之后有很大发展，以其精细典雅、浓厚的书卷气，深得人们钟爱。

苏州砖雕博物馆里面收藏并展示着近千块精美的砖雕，题材有文字、人物、山水、花鸟、走兽等。这些砖雕上栩栩如生的图案其实都颇有寓意。例如，许多砖雕上都有蝙蝠这种动物，“蝠”谐音“福”，雕上蝙蝠就代表有福；石榴多籽，蝙蝠和石榴在一起就意为“多子多福”；花瓶和月季花则为“四季平安”；喜鹊和梅花的组合就是“喜上眉梢”……一块块砖雕，饱含着匠人们无尽的巧思和人们的美好期盼。

苏式砖雕的精致除了题材内容和雕刻工艺，还离不开原材料——“金砖”。“金砖”不是金子做成的，而是一种特殊大方砖的雅称。明代在苏州北郊陆墓镇（今陆慕）以西设有御窑，烧造方砖。这种专为皇家烧制的细料方砖，颗粒细腻，质地密实，敲之有金石之声，而且早先都是直接送到北京供皇家使用，每烧制一块，费用极大，贵若黄金，所以人们就把这种砖称为“金砖”了。正因为金砖质地坚硬、厚重，才让苏式砖雕更具价值。普通砖雕会因为风化而破损严重，但金砖不易风化，能留存数百年，且

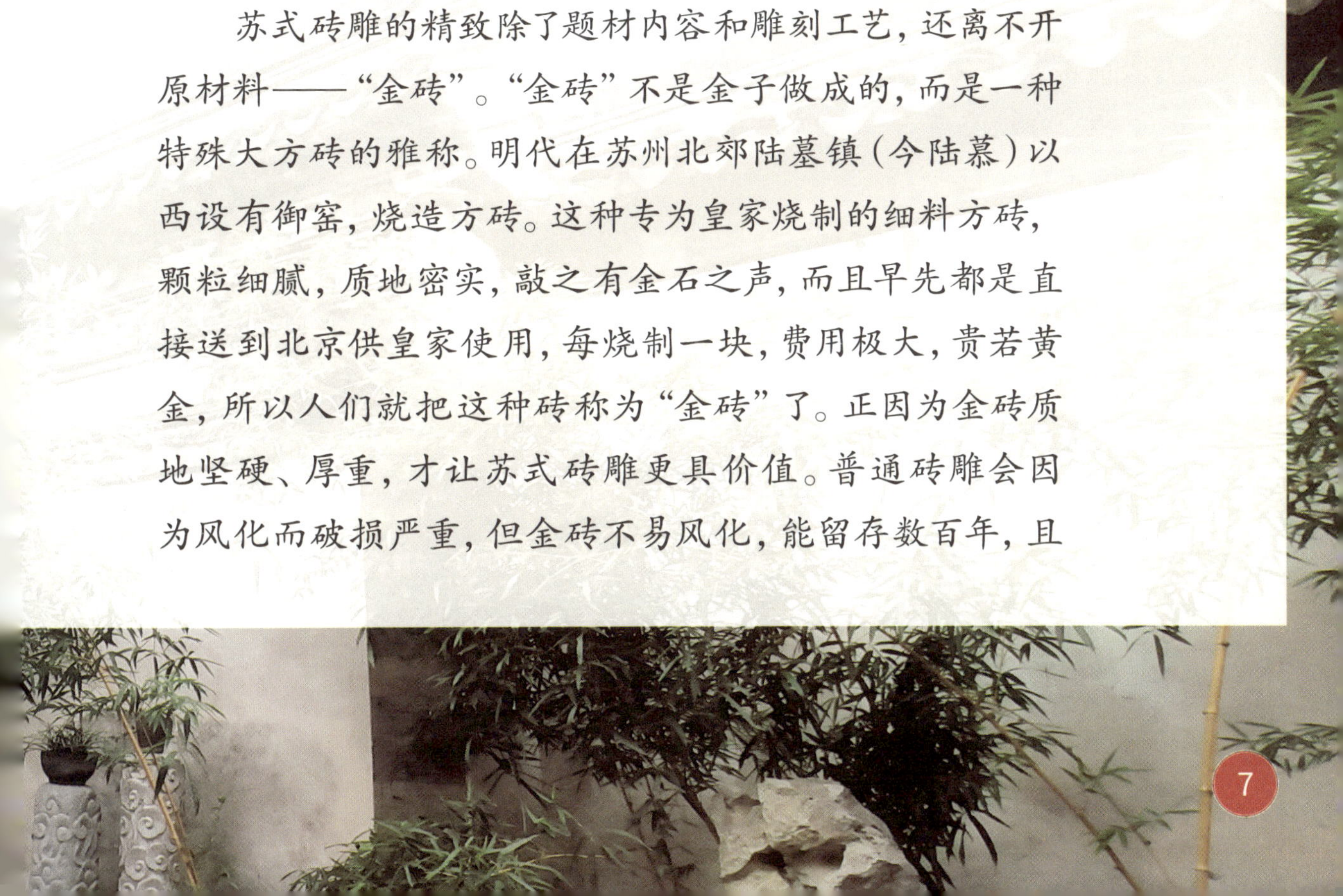

金砖纵深较大，创作起来更自由，雕刻出来的人物花鸟，立体感更强、更圆润。

这些收藏在博物馆里的砖雕，让人似乎可以触摸到那一段段明清时代的历史，感受到苏州手艺人精益求精的工匠精神和苏州百姓对美好生活的向往。

拓展问答

苏博士，刚刚您说到苏州的御窑金砖特别厉害，那些专为皇家烧制的金砖都用在哪里了呢？

北京故宫的太和殿、中和殿、保和殿和十三陵之一的定陵内铺的都是御窑金砖，在一些砖的侧面，还能看到明永乐、明正德、清乾隆等年号和“苏州府督造”等印章字样。

我可以到哪里去了解更多关于金砖的知识呢?

苏州相城区有一座苏州御窑金砖博物馆，详细介绍了金砖烧制的流程和工艺，值得一提的是，这座博物馆本身的设计风格十分特别，古朴文雅，颇有意境，就像金砖一样，有着厚重悠远的文化内涵。

课外活动

利用周末时间，到未成年人体验站——苏州御窑金砖博物馆打卡，了解更多金砖的知识。

3 陆巷惠和堂

苏博士导读

苏博士，天官坊牌坊和王鏊有关吗？

天官坊的确和王鏊有关，唐朝武则天曾改吏部为天官，吏部尚书被称为天官尚书，王鏊曾任吏部尚书，所以在这里立坊称为天官坊。

哇！真是太有意思了！

和王鏊相关的有趣牌坊还不止这一块呢，我们一起去看看吧！

苏博士课堂

在苏州吴中区东山镇，有一个背山面湖的小村子，那是明代正德年间大学士王鏊的故里，叫作陆巷。据说王鏊母亲姓陆，“陆巷”因此得名。陆巷还是一座明清厅堂建筑保存较为完好的古村落，如今还保留着明代建筑数十处，清代建筑比比皆是。

王鏊的另一处故居在陆巷，名为惠和堂，取惠风和畅的意思。惠和堂位于陆巷中部，它可是我国明朝大型群体厅堂建筑的代表作。古宅占地宽广，建筑进深五进，纵向三路并进，左右有备弄相隔，中轴线上有门楼、轿厅、大厅、主楼、女眷楼和后花园等，左轴线上有花厅、

书楼、小花园和住楼（用人等居住），右轴线上有茶厅、灶间、耳房等。惠和堂规模宏大，结构分布周密，其梁架用料粗壮，制作精湛，大多为楠木，均为明式。尤其是西侧书楼前，有一磨砖贴面的大型照墙，其上端瓦滴下镌刻有形态各异、栩栩如生的九狮图，刻工精细，古朴逼真，为明代砖雕中的佳品。

在惠和堂前还耸立着三座牌楼：“解元”“会元”“探花”，这可是为表彰王鏊的科举成名而设立的。明成化四年（1468），王鏊参加县、府、院三级考试，都是第一名。而后的乡试、会试中，王鏊又夺得“解元”和“会元”。殿试后，众考官建议将他列为第一名——状元。然而主考官商辂（lù）却不想看到王鏊连中“三元”，他借故将王鏊列入二甲。其他考官当然不服，他们在金銮殿上激烈争执，相持不下，最终，经其他考官力争，王鏊被列为一甲第三名——探花。

主考官商辂为什么要这么做呢？原来，明朝开国以来中“三元”者不过两人，其中一人因得罪皇帝而被剥夺了状元的头衔，剩下一位便是商辂了。如此，商辂怕王鏊连中“三元”后名声会盖过自己，不愿意让王鏊中状元。就这样，王鏊只能委屈地做个“探花郎”了。

如今的惠和堂作为“王鏊纪念馆”对外开放，在这里，我们不仅能瞻仰王鏊的雕像，还能了解王鏊的生平故事。

王鏊牌楼

拓展问答

惠和堂进深五进是什么意思？我还常听说古建筑有三进院子、五进院子，是不是一个意思？

古代宅院大小称“进深”，是以纵向大厅的数量计算的。三进由纵向的“门厅”“正厅”“后厅”这三个厅组成。五进就更大了，由五个厅组成。进深五进的惠和堂可以称得上宏大了！

惠和堂前的三座牌楼竟然有高高的屋顶、宽阔的屋檐，这和学士街的天官坊牌坊是一种建筑物吗？

牌坊是古代官方的称呼，老百姓俗称它为牌楼。其实一开始牌坊与牌楼是有区别的，牌坊没有斗拱和屋顶，而牌楼有屋顶，更有气势。但是由于它们都是用于表彰纪念、标识导向和装饰的一种建筑物，而且常常修建在宫殿、寺观、陵墓和街道路口等地方，所以慢慢地，人们就把它们混为一谈啦。

课外活动

游览陆巷古村，找一找三座牌楼。

4 大学士王鏊

苏博士导读

唐伯虎是王鏊最出名的弟子之一，他曾为王鏊写了一副楹联，称颂自己的老师。

我知道！唐伯虎写的是“海内文章第一，山中宰相无双”！

能被“吴中四才子”之一的唐伯虎这样称颂，王鏊的才华该有多高啊！

王鏊不仅才华横溢，而且为官清廉，还得了个“天下穷阁老”的诨号。其实之前我们已经对王鏊有了一些了解，今天，我们再来深入认识一下这位传奇大学士吧。

苏博士课堂

王鏊的父亲曾经担任光化知县，王鏊从小就跟着父亲读书，聪颖异常，8岁能读经史，12岁能作诗。16岁时王鏊前往京城，在当时的最高学府“国子监”读书，他写得一手好文章，每次写出一篇文章，国子监里的学生就抢着来读。

王鏊的才华在一次次的科举考试中展露出来，县试、府试、院试、乡试、会试、殿试，王鏊一路“过关斩将”，最终夺得探花。他被皇帝任命为翰林院编修，成了皇帝的文学侍从官，一时盛名天下。

为官期间，王鏊非常清廉，还常常劝皇帝要勤政。他发现皇帝明孝宗整日游玩，非常担忧，就用周文王勤政的典故反复劝谏。王鏊告诉皇帝，周文王重视农业生产，任用有才能的人，常因操心国事而顾不上吃饭，通过努力成为历史上的一代明君。最终明孝宗被王鏊感动，还让他负责教导太子。

后来太子继位，为明武宗。可是明武宗沉迷游乐，不问政事，把很多权力交给了司礼监的掌印太监刘瑾。刘瑾专权跋扈，瞒着皇帝为非作歹，排除异己。王鏊尽力保护受刘瑾迫害的人，并多次劝阻刘瑾。但独木难支，时局无法挽救，王鏊只能辞官回乡，再也没有复出。

王鏊的政见很有见地，在《上边议八事》中，他提出的治边八策，有定庙算、重主将、严法令等建议，多被采纳。王鏊归来吴中东山后，目睹此地人民深受重赋之苦，作《吴中赋税书与巡抚李司空》，精辟剖析了吴中重赋现象的形成、发展、现状及对策。该作后来成为不朽名作。

王鏊博学有识鉴，善于识别人才，因而故友、门生众多，如都穆、文徵明、唐寅等都曾与他交游往来。他对吴中诗派，尤其是其中坚力量如“吴中四才子”等，产生了深远的影响。对于自己的弟子唐寅，王鏊更是爱护有加，据说在唐寅遭遇“会试泄题案”时，是王鏊出面力保唐寅，才让唐寅免去一死。

拓展问答

王鏊辞官回乡之后，在苏州居住了这么久，他是否有留下歌咏苏州的诗词呢？

王鏊钟情山水，留下了很多歌咏苏州自然、历史的诗歌，例如《石公山》：“石公幽处无来迹，亦有人家散阡陌。我船欲开还不开，爱此孱颜苍雪色”；《林屋洞口古井》：“闻有紫隐泉，閟（bì）在灵仙境。金庭不可扣，且此汲寒井。洞口有深井，云浆湛虚空。我来携一罂，会与仙源通”……同学们感兴趣的话，还可以再多找些来读一读。

《王鏊拜相图》

除了怡老园和陆巷惠和堂，苏州现在还有哪些地方与王鏊有关系呢？

景德路上有一座王鏊祠，是保存较完整的祠堂建筑。祠堂初建于嘉靖十一年（1532），清康熙、乾隆、嘉庆、同治、光绪年间又经多次修缮。现在头门虽已改为清式，过厅和享堂仍为明代遗构。目前是苏绣艺术博物馆址，被列为江苏省文物保护单位。

课外活动

读一读王鏊的诗词作品。

社会实践课　寻访唐寅故居

苏博士去哪儿

同学们，你们知道“江南第一才子”是谁吗？

是唐伯虎吧？

乐乐说对了。你们了解唐伯虎吗？

我知道唐伯虎就是唐寅，是“江南四大才子”之一，我还听过他的《桃花庵歌》：“桃花坞里桃花庵，桃花庵下桃花仙；桃花仙人种桃树，又摘桃花卖酒钱……”

我听说过“唐伯虎点秋香”的故事。

你们知道的还真不少！关于唐伯虎，流传着许许多多的传说故事，但有些是后人杜撰的。要想了解更多唐伯虎真实的故事，就和我一起去唐寅故居看一看吧。

微旅游路线推荐

桃花坞大街——谢家福故居——费仲琛故居——前新街——唐寅祠（唐伯虎故居）——校场桥路——唐寅故居文化区——唐寅故居遗址——朴园（桃花坞木刻年画博物馆）

同学们也可以自己搜集其他与唐寅遗址相关的资料，互相交流哦！

完成微记录

1. 制作“唐寅介绍卡”：

(1) 手绘唐寅像（画出自己心目中唐寅的样子）；

(2) 介绍唐寅概况；

(3) 摘录唐寅创作的诗句；

(4) 手绘“唐寅故居坐标”。

选择一种完成

2. 制作“唐寅的故事”绘本：

(1) 了解历史上的唐寅；

(2) 手绘唐寅的真实故事插画；

(3) 给插图配上相关说明文字。

叶天士故居关键词

★ 良相何在，申府半街看盛衰；名医几多，吴门一叶颂古今

★ 苏州中医药博物馆（春晖堂）

★ 吴有性、叶天士、薛雪等

★ 温疫、温病学说

第二单元

叶天士故居

1 叶天士故居

苏博士导读

同学们，你们看过中医吗？对中医有什么印象呢？

我家有治疗跌打损伤的膏药，爷爷年纪大了，腰酸背痛的时候，就会贴上一副。

我在医院里闻到过中药的味道，很特别，听说中药喝起来苦苦的、涩涩的，希望我一直健健康康的，不要生病喝药！

生病了就要治疗，吃药、打针总是难受的，但我们不能讳疾忌医。苏博士，今天我们要了解的知识和中医有关吗？

没错，苏州出过许多全国知名的医生，并形成一个流派——吴门医派。下面我们就来回顾一下这段历史。

苏博士课堂

清朝，在经历了顺治时期的社会动荡之后，苏州延续了明代中期以来的发展势头，至康乾时期已成为全国经济文化最为发达的城市之一，时人称“东南财赋，姑苏最重；东南水利，姑苏最要；东南人士，姑苏最盛”。尤其在文化方面，如经学、书画、文学、史学、金石、藏书、评弹、医学、天文等领域都有杰出人物出现。

在吴门书派、吴门画派继续扩大影响力的同时，吴门医派也声名远播，吴有性、叶天士、薛雪等名医辈出，并且留下了丰富的理论著作。

苏州中医药博物馆中有副对联——“良相何在，申府半街看盛衰；名医几多，吴门一叶颂古今”，其中的“叶”指的就是叶天士。

叶天士，名桂，字天士，号香岩，晚号上津老人，以字行世。叶天士出身于一个行医世家，他的祖父叶紫帆（一作叶子蕃），是清初苏州的名医，尤其擅长儿科，并且有着一颗仁爱济世之心。他治病不分贫富，唯以救活病患为第一要务。叶天士的父亲叶朝采，字阳生，以所治病症广泛而著称，一如其父紫帆先生那样轻财好施。叶天士自幼勤奋好学，深受祖父、父亲的影响，在诗书之余还跟随他们学习医术。父亲去世以后，他就跟着父亲的门人学医并应诊。叶天士禀赋极高，再加上后天勤奋努力，很快就

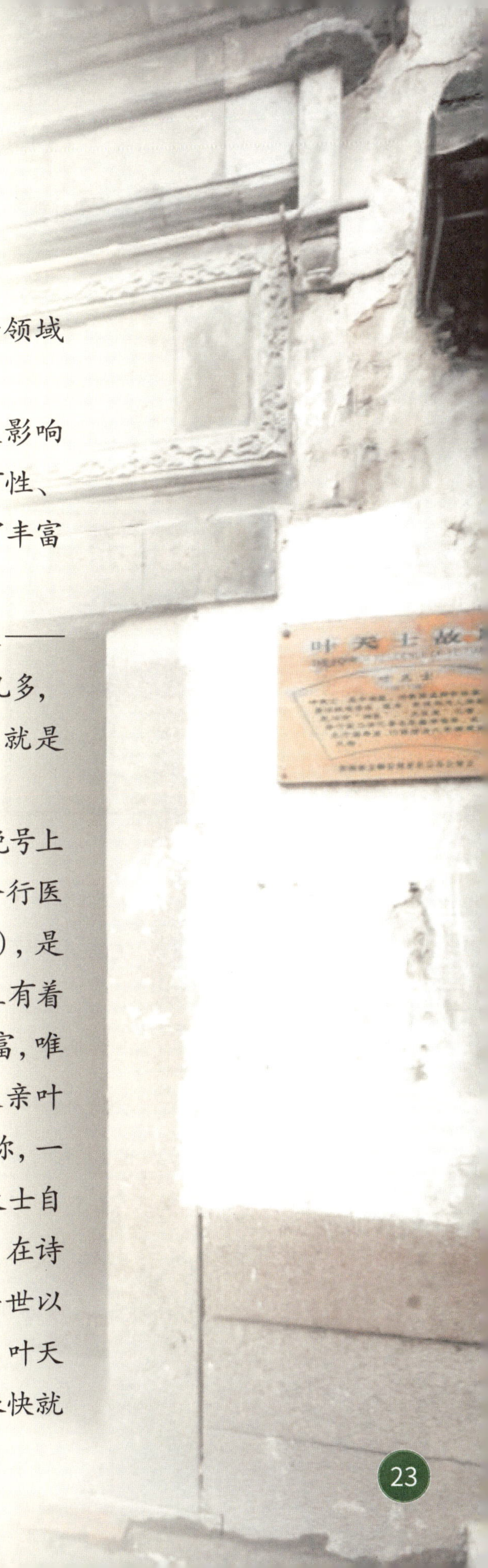

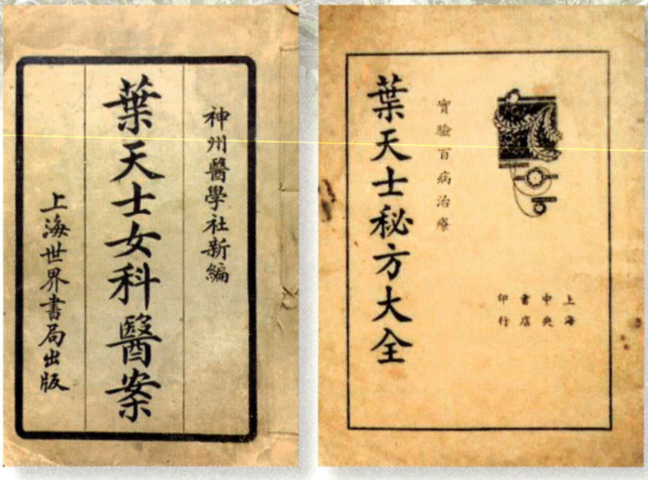

成为苏州城里有名的医生。

叶天士居住在苏州阊门外上津桥畔的眉寿堂。宅东有一小弄，称叶家弄；宅前长仅十余米的叶家水弄与阊门运河相接，河边设有水码头，有船相通，叶天士出诊或病人上门求医都十分便利。

此宅在太平天国时期被纳王郜（gào）永宽用作王府。民国初，又为天津倪姓银行家购得，人称“倪公馆”。中华人民共和国成立后，大半屋宅被用作药材仓库，有较大改动，后散作民居，现为苏州市文物保护单位。

拓展问答

叶天士能成为名医，有什么学习方法吗？

叶天士从小熟读《内经》《难经》等古籍，还广泛阅读历代名家的医学著作。他不仅博览群书，还善于学习他人长处。叶天士信守“三人行，必有我师”的古训，只要发现比自己高明的医生，他都愿意行弟子礼，拜他们为师；如果听到某位医生有专长，就欣然前往，一定要到学有所得才回家。从12岁到18岁，他先后拜过师的名医就有17人。这种孜孜以求的精神值得我们学习。

课外活动

查查资料，看看历史上还有哪些有名的吴门医派的医生，他们留下了哪些著作？与同学们一起分享吧。

2 苏州中医药博物馆（春晖堂）

苏博士导读

同学们，看看我们身边盛开的荷花，枝头绿油油的枇杷叶，雪白可爱的代代花，这些常见的植物，还有一个共同的名字——中草药。

哇！原来中草药离我们这么近！

我还知道珍珠、芡实、绿梅花、芦根等都是中医的特色药材呢！

苏博士，在苏州哪里能够详细了解中医药相关的知识呢？

苏州中医药博物馆。我们现在就出发，去那里感受一下博大精深的中医文化吧！

苏博士课堂

苏州中医药博物馆坐落在景德路314号，这里原为明代苏州状元宰相申时行的古宅“春晖堂”。把苏州中医药博物馆建在修复后的“春晖堂”，就是取中医药“杏林春晖，治病救人”之意。

苏州中医药博物馆内展示了吴中医学各个历史时期中医药发展的概貌及成就。其中展出的中医铺模型、药材和器材别具特色。

人体穴位模型

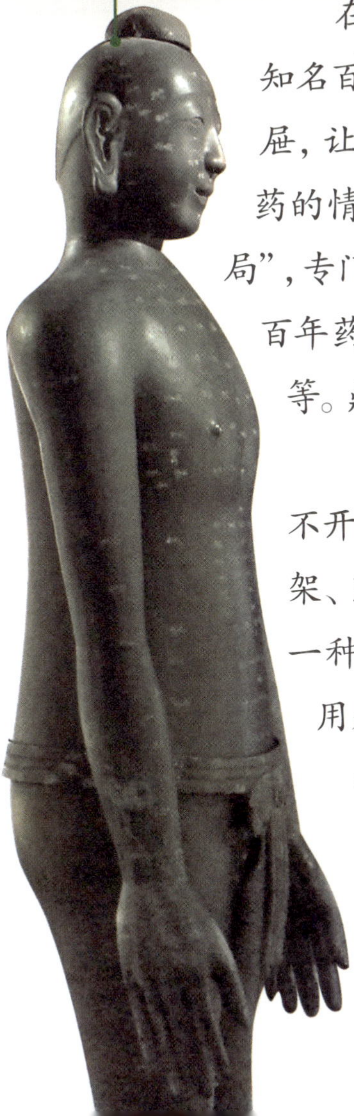

在博物馆中，我们能看到一处仿中药药局——苏州知名百年药铺雷允上的内部陈设。一个个排列整齐的抽屉，让人自然联想到老中医写下方子，交由学徒照方取药的情景。宋代，苏州便设有“太平惠民药局”“济民药局”，专门经营药务。明清时期，苏州中药业发展规模较大，百年药铺有宁远堂、雷允上诵芬堂、沐泰山堂、陆良利堂等。鼎盛时期，城内各类药铺、药材行多达两百多家。

中医从看诊到制药、取药、配药的各个环节，离不开各类工具。博物馆中陈列的脉枕、金针、火罐、药架、药碾、药罐……都是中医治病必不可少的器具。有一种叫“铜噼啪”的工具十分有特色，它形如拨浪鼓，用来“弹送”药粉。因为其膨大部分的铜皮较薄，有弹性，靠按压时形成的气压将其中装着的药粉由细长的铜管送进耳朵、咽部、鼻腔等部位。因按压时有“噼啪”声，故称“铜噼啪”。

陶灸

瓷研

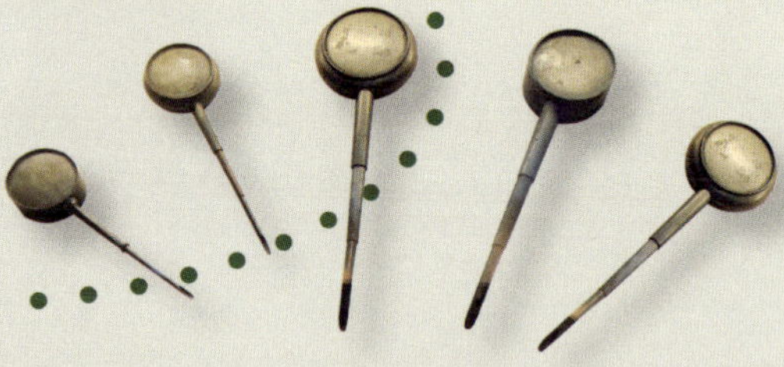

铜噼啪

说到中药，同学们常常会想到褐色、有苦味的袋装药液，可能辨识不了中草药原生的形态。

苏州地产药材资源丰富，据1985年苏州市第三次地产药材资源大普查，共有四百多个品种，其特色药材有薄荷、淡水珍珠、荷叶、芡实、灯芯草、代代花、绿梅花、枇杷叶、芦根等。博物馆中，专有一面墙陈列着这些中草药的植物标本。

时至今日，中医已经和人们的生活密不可分。如果生病去看中医，医生不仅会为你诊脉，还有针灸、推拿、按摩、气功等医疗方法。传统的太极拳、五禽戏，也是中医调养保健的养生方法。去博物馆重温历史吧，回顾旧物，将激发弘扬吴门医派的热情，使吴中医学承前启后，再创辉煌。

拓展问答

把中药药渣倒在路中间的习俗是怎么来的呢？

旧时，在苏州的小巷中，偶尔会见到倒在地上的中药药渣。这可不是苏州人乱倒垃圾，而是旧时有一个不成文的规矩——喝完的中药药渣要倒在路中间。据说路过的郎中、药师会查看这些药渣，了解用的是哪几味药、治的大概是什么毛病、药用得是不是准确，如果发觉有什么地方不对，就会告知病人。渐渐地，人们便认为把药渣倒在路上，任千人踩、万人踏，就会药到病除、早日康复。

课外活动

找一找校园里的中草药，对照资料，试着标注出它们的名称。

3 吴门医派的发展

苏博士导读

我了解了吴门医派之后才发现，原来苏州出过这么多有名的医生，而且还有一个有趣的现象——许多医生出身于诗书之家，又有许多文人出身于医学世家。

文文说得很对！陆肯堂与其七世孙陆润庠（xiáng）同为状元，中间出了三代儒医；吴江名医徐大椿出身于诗书之家，他的祖父徐釚（qiú）是清初著名的文学家、词人、画家。

还有薛雪，是清代著名的诗人、文学家和医学家。

自古以来中国就有“大儒多名医”的说法，吴地更是善出儒医，他们都以自己毕生的精力救死扶伤，研究医学，共同开创了吴门医派繁荣发展的盛况。

苏博士课堂

中医是中国劳动人民创造的传统医学，是研究人体生理、病理以及疾病的诊断和防治等的一门学科。中医药学理论，源于史前的人类医疗实践活动，到西汉时已有相当系统的概括总结。代表性著作有《黄帝内经》《神农本草经》《伤寒杂病论》《甲乙经》等。

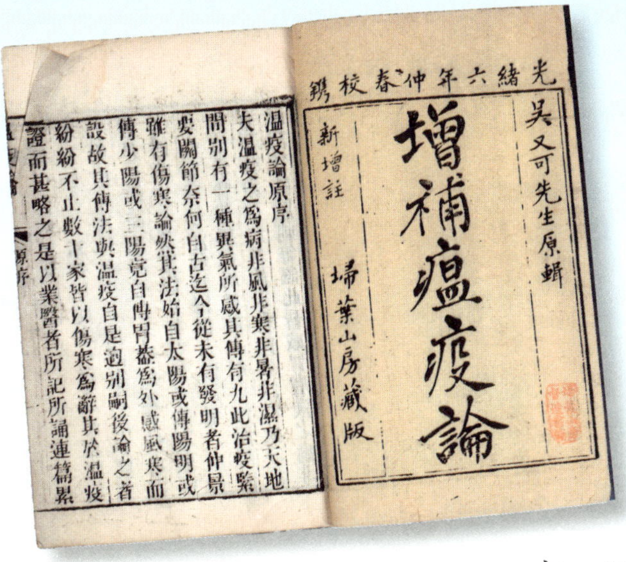
光緒六年仲春校鐫
吳又可先生原輯
增補瘟疫論
新增註
埽葉山房藏版

温疫論原序
夫温疫之爲病非風非寒非暑非濕乃天地間別有一種異氣所感其傳有九此治疫緊要關節奈何自古迄今從未有發明者仲景雖有傷寒論然其法始自太陽或傳陽明或傳少陽或三陽竟自傳胃蓋爲外感風寒而設故其傳法與温疫自是迥別嗣後論之者紛紛不止數十家皆以傷寒爲辭其於温疫證而甚略之是以業醫者所記所誦連篇累

隋唐以后，中医学通过临床进一步发展，药物方剂学取得很大成就，居世界同期领先地位。金元四大家［刘完素、张从正、李杲（gǎo）、朱震亨］的问世与清代温病学派的崛起，促进了中医的学术发展。

吴地早期医学以道家为主。金元以后，吴医受刘、张之学的影响，形成了吴门医派。明清时期，苏州中医处于鼎盛时期，吴中医学呈现世医多、儒医多、著述多的特点，并创立了温病学派。

明末清初的名医吴有性首创“疠（lì）气”（戾气）学说，著有《温疫论》，是我国第一部传染病学专著；叶天士是康乾年间名医，创立了温病学说，为温病学派的创始人；薛雪与叶天士是同时代齐名的名医，擅长湿温病的诊治；徐大椿熟识医典，著有《徐氏医书八种》等数十种医书。

这一时期，吴门医派在医术和医学理论上敢于独辟蹊径，提出了不少独到的见解。先后出现的名医有一千多人，医官、御医百余人。存世医学古籍有五百多部，内容涉及医经、伤寒、经络、本草、针

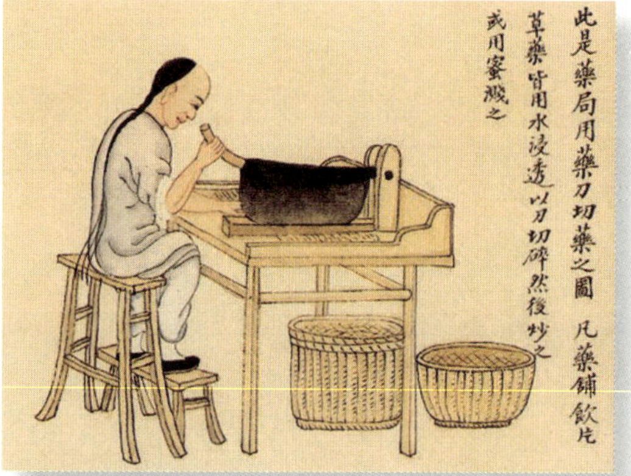

清人绘切药图

清人绘碾药图

清人绘配药图

灸、温病以及临床各科。

近代吴医承前继后，名医迭出，以温热病诊治著称，发扬了温病学说的传统特点，并有所提高及创新。

晚清曹沧洲曾任御医，留下了“三钱萝卜籽换‘红顶子’”的故事；钱伯煊尤擅妇科，后受卫生部特聘，离苏赴京，担任中医研究院研究员和西苑医院妇科研究室主任等职；黄一峰曾任苏州市中医医院第一任院长，临床以肝胆、脾胃病为专长。

明代缪（miào）希雍说：“作为医师，宜兴悲悯，当先识药，宜先虚怀，勿责厚报。”吴医以悲悯之心平等地对待患者，不求显达富贵，而专注于自己医术的精进，所以，他们留下的不仅是宝贵的医学经验，还有不求回报、悬壶济世的崇高精神。

拓展问答

我们平时去医院看病时，医生总会用机器检查，中医不靠机器检查，怎么看病呢？

中医靠“望、闻、问、切”来看病。望，指观气色；闻，指听声息；问，指询问症状；切，指摸脉象。“望闻问切”合称四诊。

我还见过中医把长长的针扎进病人的穴位里呢！

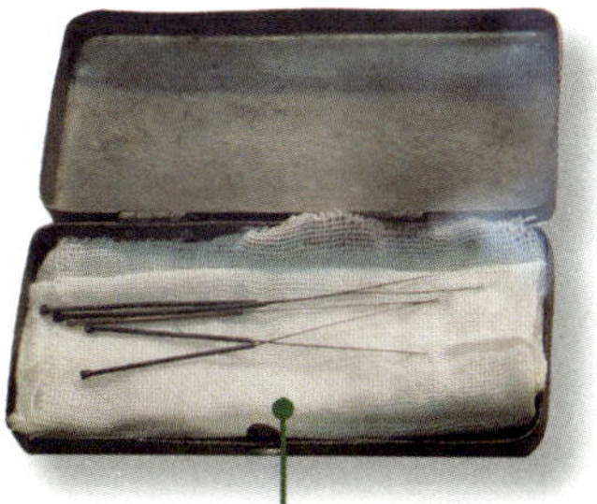

金针

是的，这种治疗方法叫作“针灸”。针灸是针法和灸法的总称。针法是把针具按照一定的角度刺入患者穴位，运用捻转、提插等针刺手法来对人体特定部位进行刺激，从而达到治疗疾病的目的。灸法是以预制的灸炷或灸草在体表一定的穴位上烧灼、熏熨，利用温度的刺激来预防和治疗疾病。

课外活动

搜集吴门医派的医生治病救人的故事，讲给你的好朋友听。

4 吴门医派与温病学

苏博士导读

最近季节交替，正是流感多发的季节，同学们有没有做好预防措施，保护好自己？

我尽量少去人多的公共场所，出门就戴口罩。

我每天都勤洗手！

如果得了传染病，一定要早治疗。

很好！你们知道吗，吴门医派对治疗传染病可是有重大贡献的呢！

苏博士课堂

吴门医派在明清时期达到鼎盛，其中对温疫的治疗，可以说是吴门医派的精髓。温疫又写作“瘟疫”，它不是单指一种病，而是特指各种大规模的恶性传染病，如鼠疫、天花、疟疾、霍乱、麻疹等。

苏州地处长江下游，河湖密布，吴人多湿热之症，历代奉行的“伤寒学说”并不适用。一代又一代的吴地医家，通过多年的临床观察和研究，逐渐创立了中国医学史上声名远扬的吴门“温病学说”。

崇祯年间，南北直隶、山东、浙江等地大疫，五六月间十户九死。那时医生们都用诊治伤寒的方法来治疗病人，却毫无效果。苏州东山的传染病学家吴有性亲历了几次疫情，积累了丰富的经验和资料。他推究病源，潜心研究，依据治疗经验所得，撰写了全新的《温疫论》一书，开创了我国传染病学研究的先河，这也是中国第一部系统研究急性传染病的医学典籍。

吴有性根据温疫发病突然、具有流行性的特点，指出温疫是由天地间存在着的一种“疠气”（戾气）导致的，其侵入途径分为“自天受”（空气传染）和“传染受”（接触传染）。这一观点的提出，是世界医学传染病学史上一项伟大的创举，吴有性因此被誉为“治温证千古一人”。

在吴有性《温疫论》的影响下，清代中期涌现出以叶天士为代表的温病学派。叶天士最擅长治疗时疫和痧痘，是中国最早发现猩红热的人。他在著作中阐明了温病发生发展的规律，以及它和伤寒的区别，把温病学说推向了新的高度，成为温病学的奠基人之一。在苏州中医药博物馆内，专门摆放了一座叶天士的铜像，供人瞻仰。

薛雪擅治温病，还非常重视根据临床经验与个人体会编写医案。他把毕生诊治温

病的临床经验总结成《湿热条辨》，系统地论述了各种湿热症，内容精辟，言简意赅，独具慧眼，与我国传染病学代表作、叶天士的《温热论》，并列为清代温病学说的两大理论专著。

中华人民共和国成立后，运用温病学的理法方药，许多传染性疾病的治疗都取得了良好效果，传统中医的价值还等着我们继续发掘。

拓展问答

苏博士，为什么吴门医派特别擅长治疗传染病呢？

苏州地处长江下游，地势较低，气候温暖且潮湿，这都是传染病流行的自然条件，苏州就成了传染病的“高发区”。因此，苏州的医生们也就有了更多治疗传染病的实践机会。

古代医生还想出了哪些方法对付温疫呢？

医生们会设立隔离区，阻止疾病传播。还会接种疫苗，如人痘接种术——用天花病人身上痘疹疱里的痘浆或是天花病人穿过的衣服，去感染未患过天花的人。由于这种感染源的“毒力”比较弱，接种的人一般只产生轻度的症状，但他们体内会对天花产生免疫防御性反应，从而预防重症天花的发生。

课外活动

查阅资料，了解现代医生如何预防传染病。以流感为例，制作“防病小贴士”卡片，标明预防流感需要的物品和方法。

潘士恩故居关键词

★ 四朝元老、状元宰相

★“状元之乡”“连中三元”“六元及第”

★ 大盂鼎、大克鼎

★ 洪钧与陆润庠

第三单元 潘世恩故居

1 潘世恩故居（留余堂）

苏博士导读

同学们，苏州历史上曾出过许多名人，你们都知道谁呢？

我听说过伍子胥，是他建了苏州城。

有范仲淹。他说过“先天下之忧而忧，后天下之乐而乐”。

有唐伯虎。他是“江南四大才子”之一！

看来同学们知道的可不少呢！今天苏博士要带大家来认识苏州历史上一位著名的状元宰相——潘世恩，首先带你们到他的故居“留余堂”去走一走、看一看。

苏博士课堂

清朝乾隆年间，潘世恩出生于苏州，25岁时参加科举考试，就高中状元。潘世恩做了五十多年的官，历经乾隆、嘉庆、道光、咸丰四朝，被称为“四朝元老”，尤其受到道光帝、咸丰帝的信任和宠幸。道光年间，他官至大学士，被称为“状元宰相”。

传说潘世恩的家原先在观前街西面，有一次，皇帝召见他，问他家住苏州哪里，他一时口误，说成了“玄妙观东面”。之后潘世恩急忙让家人购买了玄妙观东面的房屋，也就是现在钮家巷3号的潘世恩故居，取名为“留余堂”，即留有余地的意思。

其实，潘世恩购买留余堂是为了奉养老父亲，所以，这里的凤池园也被称为“养亲园”。潘世恩的母亲逝世后，他上疏说明父亲年迈的情况，请求辞官回苏赡养父亲，之后在留余堂与父亲一起生活了十多年，其间他博览群书，研究学问，写成了很多部书。

据记载，太平天国时，英王陈玉成也在这里暂住过。所以，这里也被称为“英王行馆”或“英王府”。

1949年后，这里的房子成为公房，后来经过重新修缮，老宅焕然一新，成了“苏州状元博物馆”，现在是江苏省文物保护单位。

从唐代至清代，共有51位状元从“状元之乡”苏州走出，其中文状元有45位、武状元有6位，数量遥居全国城市之首。苏州的状元文化从侧面体现出苏州强劲的经济实力和民间对教育的普遍重视。把

状元博物馆的选址定在昔日的状元府，宅第本身就承载了“崇文、重教、修身、报国”的精神价值。此外，在苏州状元博物馆里还陈列了许多与苏州历代状元相关的珍贵文物。

在这里，你可以看到“镇馆之宝”——一百多年前的殿试考卷，那是清代进士李家驹的殿试考卷。你可以欣赏到明清两代流行的考试字体“馆阁体”，读到古人考试时写的文章，感受古人的智慧。你还能看到古人考试时的作弊工具——夹带，只是一定不能照着学哦！如果你看到一个写着“福”字的黑底金字的方匾，那就是道光皇帝亲自书写，并赠给状元宰相潘世恩的“福”字了。可见皇帝对潘世恩有多么看重！

漫步苏州状元博物馆，你能想象出古人在考场上奋笔疾书的情景吗？

拓展问答

苏博士，潘世恩是个怎样的人？

潘世恩的性格稳重谨慎，为官正直清廉，不愿与其他位高权重的贪官同流合污。这在清朝的

官场是相当不容易的。他还向皇帝举荐了林则徐、姚莹等人才为国效力，支持林则徐前往广东禁烟，上疏请求改善漕运，治理黄河，开发甘肃、新疆。

我注意到博物馆里有一个厅叫“纱帽厅”，这个名字是怎么来的？

故居现存三路四进，依次为门厅、轿厅、大厅、内厅。大厅“留余堂”曾是潘世恩当年接待贵宾和举行婚丧礼仪活动的场所，保存尚好。西落第三进即“纱帽厅”，厅面阔三间，平面宛如一顶“乌纱帽”，明间前加抱厦，犹如帽顶，东西次间后带两披厢则如帽翅，“纱帽厅”由此得名。同学们觉得像不像？

课外活动

去潘世恩故居走一走、看一看，了解一下苏州的状元文化吧。

2 苏州状元文化

苏博士导读

孩子们，上一课，我们认识了苏州的状元宰相潘世恩，还知道了苏州是著名的状元之乡。你们还知道苏州别的状元吗？

一时还想不到，我得再去查查资料。

我想到唐伯虎，但他没有得过状元，只得了解元。

苏州的状元文化十分丰富，也有不少有趣的现象，比如“一家五状元”“连中三元”等。下面我就给大家讲讲苏州的状元文化。

苏博士课堂

中国古代，从隋朝开始，实行了一种考试制度，叫作科举制。人们要想做官，先要通过重重严格的考试——县试、府试、院试、乡试、会试、殿试，考试一次比一次难。最后一场殿试的考场在皇宫，录取者叫进士，皇帝将综合多方意见，决定考生最终的名次，其中，第一名叫状元，第二名叫榜眼，第三名叫探花。

如果一个人连续在乡试、会试、殿试中都取得了第一名，即解元、会元、状元，便称“连中三元”，这在古代是极大的荣耀，也是不多见的。至今在人民路上还有一处地名叫“三元坊”。有一种说法

石砚

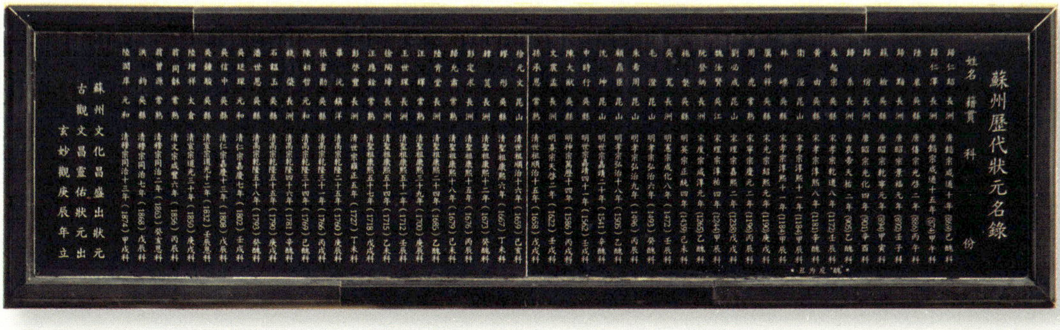

苏州历代状元名录

称，三元坊即为连中三元的苏州人钱棨（qǐ）而立，以激励其他考生苦读，求取功名。钱棨不仅三元及第，在县、府、院的三级考试中也连续获第一名，连中“小三元”，也就是说，钱棨在连续的六场科考中，都斩获魁首，让乾隆大呼“国朝经百载，春榜得三元”。

苏州还出了不少“父子状元”“兄弟状元”“祖孙状元”“叔侄状元”“翁婿状元”，这种族内连番鼎甲的现象也成为苏州科举史上流传下来的佳话。比如叔侄状元有翁同龢（hé）与翁曾源，吴廷琛与吴钟骏；祖孙状元有彭定求与彭启丰，陆肯堂与陆润庠（陆肯堂七世孙）等。

而一家两状元还不算稀奇，唐代苏州府长洲归氏一家占全兄弟、父子、祖孙三代状元。从唐懿（yì）宗咸通十年（869）至唐哀帝天祐二年（905）的短短三十六年间，归家接连出了归仁绍、归仁泽、归黯、归佾（yì）、归系等五名状元，这在一千三百年的科举史上是绝无仅有的，归家因而赢得了“天下状元第一家”的美称。

“考试运”不佳，与状元

失之交臂的苏州人同样大有人在。比如王鏊与钱谦益，他们都有状元的才华，而因种种原因屈居探花。又有屡试不第的“倒霉蛋”，如明代“唐宋派”的著名文学家归有光，文章写得极好，早有名气，但也许是文风不被考官认可，他参加会试，先后八次竟然全都落第，最终在59岁时才考中进士。无独有偶，吴门画派创始人、“明四家”之一的文徵明却是连考十次乡试都没有考中，最后以诸生（秀才）岁贡入京。而文徵明的曾孙文震孟几乎有着相同的遭遇——十次会试都名落孙山，好在第十一次会试通过，并最终高中状元，当时他已年近半百。只能说，才华与考试名次间的确不能画等号。

如今，尽管考试内容和目的都发生了巨大的变化，苏州学子依旧刻苦学习，努力在考试中取得好成绩，苏州的书香气息愈加浓郁。

拓展问答

古代科举考试都考些什么内容?

朝代不同，科举考试考的内容也不同。明清时主要考的是“四书五经”“八股文”。简单来说，就是要会背诵指定的书，能吟诗作赋，并且要能用特定的八股文格式写作，写出自己对某些事情的看法。

唐伯虎因为“科场舞弊案”而无缘仕途，到底是怎么回事呢？

“吴门四家”之一的大才子唐伯虎才华横溢，在乡试中一举夺得第一名举人——解元。随后他赴京参加会试，途中结识了富家公子徐经，两人成为好友。那一次的会试题目很偏，而唐伯虎与徐经脱颖而出，考官拟将唐伯虎录取为第一名会元。就在此时，有人告发徐经考前买了试题。于是唐伯虎、徐经与考官程敏政都被逮捕入狱。徐经在狱中招认贿赂过程敏政，唐伯虎则是不慎被牵连。出狱后，唐伯虎本可以到地方做个小吏，但经过此事，他对科举功名彻底看透，就此回到了苏州，不再出仕。

课外活动

苏州历史上状元辈出，请你找一找相关资料，和同学们交流一下苏州其他状元的故事吧。

古代考场

3 潘世恩一脉

苏博士导读

参观完状元博物馆，大家说说印象最深的是什么呢？

我印象最深的是古人考试时做的考卷。

我印象最深的是关于状元宰相潘世恩的许多故事。

苏博士，听博物馆工作人员说，潘氏家族在苏州是鼎鼎有名的。您能给我们讲讲潘氏家族其他有趣的故事吗？

好啊，这节课，就让我们一起来说说潘世恩一脉的故事。

苏博士课堂

状元宰相潘世恩，在苏州是赫赫有名的。潘世恩的子孙和族人中，涌现出了许多的读书人和官员。共出过1名状元、8名进士和16名举人，被李鸿章称为“祖孙、父子、叔侄、兄弟翰林之家”。潘氏的这个家族被人们称为“贵潘”，在当时有“天下无第二家”的美誉。潘世恩位于钮家巷的府第也被称为“姑苏第一状元府”。可见，潘氏家族当时的地位相当尊贵。

潘氏家族热心公益事业。道光年间，潘世恩的长子潘曾沂（yí）捐出两千五百亩田，用于建造义庄，救助乡里的贫民。他还出资办免费的学校，义务为老百姓挖井，捐款资助贫困

大盂鼎

者，为老百姓捐献粮食，做了许多好事。

潘世恩的子孙中，最有名的要数他的孙子潘祖荫了。潘祖荫和他的祖父潘世恩一样，也是少年得志，23岁就考中了探花，后来还做了军机大臣。他是个勤政爱民的好官，每次民间发生水灾、旱灾，他都四处奔波，了解灾情，全力赈灾。他在61岁时，由于赈灾过于劳累，积劳成疾，病逝了。

潘祖荫精通书画，爱好收藏。他去世后，弟弟潘祖年将他收藏的青铜器和书画运回苏州，其中包括了国宝——大盂鼎和大克鼎。抗战爆发后，潘祖年的孙媳潘达于和她的姐夫潘博山一起，悄悄将这两件国宝放入木箱，埋在地下，保护起来。日本侵略军占领苏州后，先后7次闯进潘家老宅，掠去了大批财物，还逼问大盂鼎、大克鼎的下落。潘家历尽艰辛，终于把这两件国宝完整地保存下来。中华人民共和国成立后，潘达于将这两件国宝捐赠给了上海博物馆。现在，大克鼎是上博的镇馆之宝，而大盂鼎则被运到了中国国家博物馆，悉心保存。

潘家保护的两尊大鼎，至此各镇南北。

大克鼎

拓展问答

苏博士，给我们介绍下大盂鼎和大克鼎这两件国宝吧！

大盂鼎是目前我国出土的造型最大的西周青铜器。大克鼎是西周晚期一位名叫克的大贵族为祭祀祖父而铸造的青铜器。这两尊鼎都是我国古代的珍贵文物，有相当高的历史价值。

潘祖荫为什么会有两件如此珍贵的国宝呢？

当时，清朝的军事家、政治家左宗棠被人陷害。幸亏潘祖荫伸出援手，做了大量的努力，向咸丰皇帝力保左宗棠，才使左宗棠免于问罪。左宗棠非常感激潘祖荫，他知道潘祖荫是著名的金石收藏大家，喜爱收藏青铜器。于是，左宗棠在得到大盂鼎后，就把它送

给了潘祖荫，以答谢他当年的救命之恩。而大克鼎是潘祖荫花了重金，从别人手中买来的。两件周朝时期珍贵的青铜器齐聚潘府，成了当时京城的一大新闻。

听说除了潘世恩家族，清代苏州还有一个姓潘的大家族，两个家族分别称“贵潘”和“富潘”，是这样吗？

是的，“贵潘”是以潘世恩、潘祖荫为代表的翰林之家，而“富潘”是以清代潘颖昌为代表的商贾世家。“富潘”同样很重视子女的教育，其家训是“诗礼继世，耕读传家”，以此命名的潘宅礼耕堂就在潘世恩故居东边数百米处（平江路卫道观前）。

课外活动

收集相关信息，动手做一做大盂鼎、大克鼎的知识卡。

4 “红绿状元”

苏博士导读

同学们，你们听说过苏州“红绿状元”的故事吗？

什么是“红绿状元”？

我知道，这和姓氏有关！“红”指的是姓洪的状元。“绿”在苏州方言中和“陆”的发音是一样的，指的就是姓陆的状元。

没错！洪钧的儿子和陆润庠的女儿是夫妻，这对亲家也是苏州历史上最后两位状元，名字又正好应了“红”“绿”二字的读音，于是被苏州人称为“红绿状元”。

苏博士，快给我们说说“红绿状元”的故事吧！

苏博士课堂

先来说一说“红状元”洪钧。洪钧少年时，家道中落，生活贫困，父亲要他学习经商，做买卖养家糊口。但是洪钧不愿意从商，请求父亲让他继续读书。在他的一再坚持下，父亲同意了。从此，他更加勤奋好学，18岁时考中生员，26岁中了举人，30岁时中了状元。洪钧高中状元后，建了状元府，也就是现在悬桥巷里的洪钧故居。

洪钧故居

洪钧是中国古代状元中唯一的外交官，曾担任清廷驻俄、德、奥、荷四国公使，50多岁时，因在中俄争夺边界的事件中被其他官员联名弹劾，抑郁而终。

洪钧流传最广的故事，是他与赛金花的故事。清末四大谴责小说之一的《孽海花》，就是以洪钧与赛金花为原型创作出的故事。洪钧娶了赛金花后，带着她出使俄、德、奥、荷四国。赛金花凭着聪明伶俐，学了一口流利的德语，也认识了欧洲的很多名人。

如今，在状元文化展示馆，可以看到洪钧的状元服饰与书法作品复制品，还有一件赛金花的书法复制作品：“国家是人人的国家，救国是人人的本务。”个中蕴含着浓浓的爱国深情。

再来说一下“绿状元”陆润庠。他与洪钧是同时代人，出身于一个医生家庭，曾祖、祖父、父亲三代都是医生。作为苏州历史上的最后一位状元，陆润庠活跃于光绪、宣统年间，是中国近

洪钧

陆润庠

代史上重要的人物。他曾总办苏州商务，创立苏纶纱厂和苏经丝厂，由此宣示中华民族自强自立的能力。陆润庠因此被称为中国近代纺织业的开拓者。光绪二十六年（1900），八国联军攻占北京，陆润庠随慈禧太后、光绪帝西行。辛亥革命后，陆润庠仍留清宫，任末代皇帝溥仪的老师，1915年去世。

陆润庠故居在阊门内下塘街10号，陆润庠的先祖陆肯堂也是这座宅院里走出的状元，并且是会元、状元连捷，学识渊博、根底深厚，曾被康熙皇帝夸奖“学问、人品俱优”。相隔189年，陆肯堂与陆润庠分别于康熙、同治年间高中状元，因此这座大宅成了两代状元府。

拓展问答

苏纶纱厂在洋务运动中是非常重要的，苏博士能给我们介绍一下吗？

1895年《马关条约》签订，苏州城南的青旸地沦为日本租界。洋务派代表人物张之洞急奏朝廷，要在日本人之前，创办中国的丝、纱厂，抢占市场。苏纶纱厂由此诞生。创建人、筹建人、第一任经理为清朝重臣、苏州人陆润庠。

1897年7月，苏纶纱厂在苏州盘门外吴门桥堍的一块荒地正式投产。占地43亩，工人2200名，年产粗纱约1.4万件，设备为英国进口，轰动全国。

1925年后，苏州著名实业家严裕棠接手苏纶纱厂。除抗战时期被日军强占外，苏纶纱厂在严裕棠家族管理下，持续壮大发展，成为闻名全国的民族企业，在中国近代工业史上写下辉煌的一页。

苏博士能为我们介绍一下陆润庠的家庭背景吗？

“阊门陆氏：状元两位，儒医三代”，说的就是陆润庠家族。两位状元指的自然是陆肯堂和陆润庠，他们中间出了三代儒医，即陆文、陆嵩和陆懋（mào）修。陆润庠自幼学习家传医学，颇懂医术，还刊印了他父亲陆懋修的许多医学著作。

课外活动

找一找苏纶纱厂、陆润庠故居在哪里，和爸爸、妈妈一起去探访一下吧！把你今天学到的“红绿状元”的故事说给爸爸、妈妈听听。

社会实践课　寻访洪钧故居

苏博士去哪儿

孩子们，了解了“红绿状元”的故事，我们不妨去“红状元”洪钧的故居再感受一下百年前的状元气息。沿着悬桥巷看看，这条巷子里还藏着哪些名人故居？

悬桥巷可真是“卧虎藏龙”，这里住过同为校友却分别为中、西医名家的钱伯煊、方嘉谟，还住过近现代著名的历史学家、民俗学家顾颉刚先生。

这里还有丁氏、潘氏等几家义庄呢。

真是太棒了！我们赶紧去悬桥巷参观吧！

微旅游路线推荐

悬桥巷——钱伯煊故居——洪钧故居及庄祠——丁氏义庄——方嘉谟故居——潘氏松麟义庄——顾颉刚故居

完成微记录

选择一种完成

1. 手绘“洪钧传奇人生”：

（1）用手绘插图的形式表现洪钧人生中的经典故事；

（2）在手绘插图的旁边配上说明文字；

（3）将图文内容做成自己的绘本。

2. 完成“微旅行问题记录”：

（1）带着问题微旅行（钱伯煊、方嘉谟做出了怎样的贡献？顾颉刚创立了什么学派？义庄是什么场所？）；

（2）将旅行后得到的答案记录下来；

（3）写一写自己的微旅行心得。

顾文彬故居关键词

★ 顾文彬与过云楼

★ 顾麟士、顾公雄

★《曹全碑》辨真

★ 怡园法帖、怡园琴会

第四单元

顾文彬故居

1 顾文彬故居

苏博士导读

最近我在图书馆借了好几本有关苏州历史名人的图书，学到了不少知识呢！

哇！那我也要去借几本读一读了！

说到图书馆，我要来考考大家，你们知道古代的图书馆是什么样子的吗？

古代的图书馆……那是藏书楼吗？

嗯！唐代以前，只有皇宫里才有大量藏书，但随着经济发展和印刷术的出现与改良，民间逐渐出现了许多有名的藏书家，他们建立了一座座私人图书馆——藏书楼。要论苏州的藏书家，那就不得不提顾文彬了！

苏博士课堂

苏州城中心乐桥北堍西侧，原铁瓶巷（今干将西路）里，有一所大宅院，叫作过云楼。“过云楼”这三个字，来源于苏东坡的“书画于人，不过是烟云过眼而已”。过云楼是清代怡园主人顾文彬收藏书画、古

董的地方，也是江南著名的私家藏书楼。过云楼和怡园所在地原为明代吴宽所有，清代同治年间被顾文彬收购，并和他的儿

子顾廷烈重新修建，为的就是收藏古书画。

在修造过云楼和怡园时，顾文彬曾向小儿子顾廷烈说出自己的心里话：“我一直有建造‘小天一阁’的心愿，这次终于有机会，你一定要帮我实现啊！”因此，过云楼是以宁波天一阁和苏州钟楼（方塔）为范本进行规划修建的。过云楼的式样类似于钟楼，是整个宅院建筑中单独的一座。但与天一阁不同的是，天一阁以木结构为主，过云楼却用大砖灌浆砌实，以求得固若金汤的效果。依照这样的方案建成的过云楼，不仅弥补了天一阁是木结构的不足，还借鉴了苏州钟楼的特色：既能防火，又能防盗。

在过云楼落成后的第六

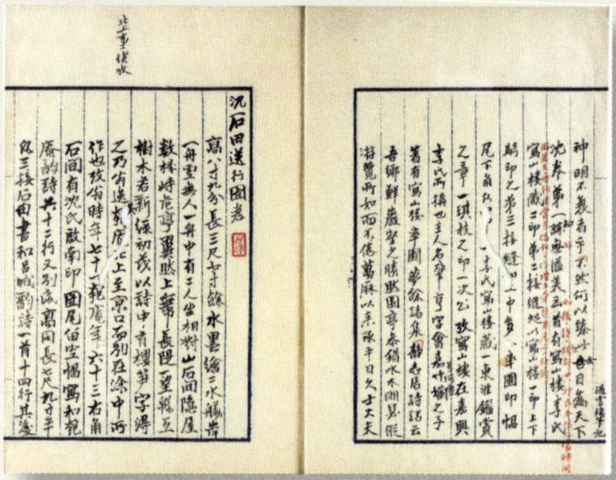

顾文彬撰过云楼笔记

天，顾文彬就辞去浙江宁绍道台的官职，沉浸在收藏书画之乐中。他一生竭尽全力、多方搜求，积累书画墨迹达到数百件之多，其中有不少是传世的赫赫名迹。

如今，经历顾氏几代人百余年的传承，这些书画收藏多数被捐献给国家，在博物馆中保存、展示，过云楼也建成了陈列馆。过云楼陈列馆的展区分为艮（gèn）庵和过云楼两部分：艮庵中主要展出历代过云楼主人的生平，以及顾氏历代藏家事迹；过云楼则集中展示所藏书画名作、古籍善本情况，与顾氏收藏相关的文化艺术活动和文献资料，以及顾氏家族的捐赠义举。曾经的私人藏书楼，向大众揭开了它神秘的面纱，欢迎大家前往参观！

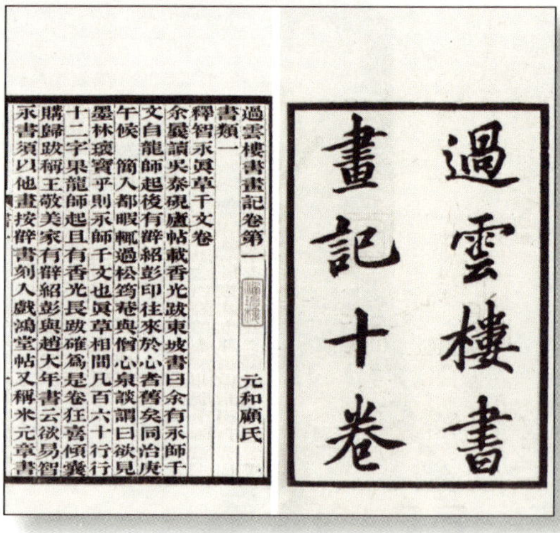
過雲樓書畫記十卷

過雲樓書畫記卷第一　元和顧氏

書類一

过云楼书画记十卷

拓展问答

苏州还有哪些藏书楼？

明代藏书家王献臣在拙政园里建有藏书楼临顿书楼，还另建虞性堂以藏书画。文震孟在苏州艺圃建石经堂，李鸿裔（yì）辞官居于苏州后修葺网师园，收藏书籍数万卷。还有俞樾在苏州曲园建春在堂、沈秉成在苏州耦园建鲽（dié）砚斋，都是用于藏书的。

顾文彬为什么想要模仿天一阁来修建藏书楼呢？

因为浙江宁波天一阁是中国现存最早的私家藏书楼，也是亚洲现有最古老的图书馆和世界最早的三大家族图书馆之一，除了藏书丰富，天一阁在通风、防潮、防火方面也独具特色。

课外活动

参观过云楼陈列馆，查阅资料，了解古代其他著名的藏书楼，互相交流。

2 顾氏历代藏家事迹

苏博士导读

没想到在繁华的街巷中竟藏着这样一座清净的藏书楼!

我在陈列馆里看到了历代过云楼主人的生平，原来过云楼的藏书不仅是顾文彬一人的功劳。

是啊，过云楼还有很多藏家故事呢!顾文彬的孙子顾麟士也是非常有名的藏书家，而且他有五子一女，其中顾公雄、顾公柔和顾公硕都在书画方面有所建树，他们是最早提出把珍藏捐献给国家的顾氏后人。但这批珍贵的书画差点就毁于战火了。这是怎么回事呢?我们一起来了解下。

苏博士课堂

在过云楼陈列馆的艮庵展区里，有一幅顾氏家族的世系表，上面清楚地向我们介绍：过云楼的第一代主人是顾文彬；顾文彬有三个儿子，小儿子顾廷烈是第二代主人；顾廷烈有四个儿子，其中顾麟士是过云楼的第三代主人。

顾麟士在继承顾文彬留下的收藏的基础上，又再进一步地扩充。顾麟士自己是一位精通书法绘画的艺术家，他凭借深厚的艺术素养和敏锐的眼光，将书画收藏扩充到千余幅，过云楼收藏达到全盛时期。

在百年的漫长岁月里，三代人呕心沥血，创建起足以雄视江南

的书画宝库。可如何长期完整地保存这批历史文化遗宝，这是后人面临的难题。特别是民国以后，军阀混战，外患不断。日寇侵华时期，江南沦陷，环境十分险恶，过云楼所藏书画经历了一次次劫难。顾公雄和妻子沈同樾继承了父辈四分之一的书画藏品，数量有三百多件。当时他们居住在苏州朱家园，1937年8月16日，日军对苏州进行空袭，一颗炸弹正巧落在他们的院子里，一时间火光四起，窗户及院中杂物尽被炸毁。万幸的是，书房内的书画躲过一劫，没有受到损伤。两人害怕再次遭遇空袭，赶忙携带一部分书画精品，雇船迁往光福山区，躲避战火。

到了1938年初，顾公雄决定将书画随家搬到更为安全的上海租界，不料路上又横生意外：运输的卡车因故障停在常熟城外的路上，又遭到日本兵的盘问，幸好随行的日本友人应付着把日本兵支走。看到这样的危急情况，顾公雄匆匆跟随装满书画的卡车前往上海。而他的两个儿子因车上满载画箱，没有位置，被留在了常熟汽车站的小店里，直到第二天才由家人接到上海。

顾公雄一家在上海度过了漫长的七年，虽经济拮据，日子过得很艰苦，但他们节衣缩食，始终没有出卖一张古画。他们说：这批书画是祖上保存下来的中国艺术精华，必须世守下去，发扬光大。

中华人民共和国成立后，顾公雄一家看到了希望，不必再有“过眼云烟”的担忧。1951年，顾公雄在病榻上说出了思索多时的想法：“还是献出来，把我们的书画收藏献给国家吧。”至此，过云楼藏画中保存比较完整的一批书画得到了最好的归宿。

拓展问答

古人的私人藏书楼一般都不向公众开放，那有没有对外开放的藏书楼呢？

在清末的浙江绍兴，有一座古越藏书楼，是我国图书馆史上最早对公众开放、第一家具有近代公共图书馆特征的藏书楼。

而无论是私人藏书还是皇家藏书，真正使用“图书馆”一词，还是从修建于清光绪三十三年（1907）的南京江南图书馆开始的。有感于陆氏皕（bì）宋楼被日本静嘉堂文库买下，藏书家缪荃（quán）孙向两江总督端方建议，筹款买下同为晚清四大藏书楼之一的八千卷楼的藏书，借此契机建立江南图书馆。江南图书馆几经变迁，成为今日的南京图书馆。它开创了我国图书馆的新篇章，是第一所真正意义上的大众图书馆。

那苏州第一座公共图书馆是怎样建立的呢？

苏州第一家公共图书馆的创立是在一百多年前的1914年。清嘉庆十年(1805)，清政府在与现沧浪亭一河之隔的可园开办正谊书院。光绪十四年（1888），江苏布政使司黄彭年重修可园，并在正谊书院右设立学古堂，建藏书楼博约楼。1914年，苏州图书馆就是在这座藏书楼的基础上创办的。它同时也是江苏省立第二图书馆，是我国创办较早的公共图书馆之一。

课外活动

去苏州图书馆或苏州市第二图书馆参观，借阅你感兴趣的图书。

3 过云楼经典书画鉴赏

苏博士导读

听了顾氏家族藏书的故事，我觉得他们真了不起，将这么多藏品完好地保存到现在。

我听说“江南收藏甲天下，过云楼收藏甲江南”。参观了过云楼，真想看看过云楼曾经的藏品。

过云楼中收藏过哪些有意思的藏品呢？

那今天我就向大家介绍一些过云楼著名的藏品吧！

苏博士课堂

中国境内的文物，等级最高的是一级甲等，就是俗称的国宝，其价值尤其突出。在顾氏过云楼的收藏里，还真的有一件宝物，那就是东汉曹全碑的初拓本。什么是拓本呢？其实就是古代的复印件，那是用纸紧紧覆盖在有文字、花纹的器物上，用墨或其他颜料拓出的印品。

曹全碑全称汉郃（hé）阳令曹全碑，立于汉灵帝中平二年（185）。碑文记载了东汉末年曹全远征西域、镇压黄巾起义的事迹。由于碑文内容和史书上的记载有许多不同之处，所以研究价值非常高。明朝万历年间，曹全碑在陕西出土，一时间吸引无数文人墨客：碑上的隶书文字艺术水准极高，蚕头燕尾，古雅飘逸。于是，当时的人都以拥有曹全碑的拓本为荣。

但是，完美的拓本却少之又少。这是为什么呢？该碑在出土后的数百年间，不断受到时间的侵蚀和人们无意间的损坏。如刚出土向城里运送时，就有人不慎把碑右下角的“因”字磕掉了；到了万历末年，大风吹倒碑旁的大树，将曹全碑生生砸成了两段，如今存世的拓本基本都是断裂之后拓成的。而且因为被拓印的次数太多，碑上面的字形日渐磨损，所以年代越早的拓印版本越具价值。其中最珍贵的是“因”字未损版本，那是在曹全碑刚出土还没被搬进城时拓的，据说总共只有二十几本，几百年下来，基本上都不知所踪了，唯一的真本，就流传到了顾文彬手里。由于“因”字未损本价值太高，所以清代出现了很多假冒的伪作。那如何分辨真假呢？作假者怎么也想不到，《曹全碑》真本上面的“因”字写法很特别，“因”字里面不是一个“大”，而是一个“士”，真是太奇妙了。

在过云楼的众多藏书中，还有一部极负盛

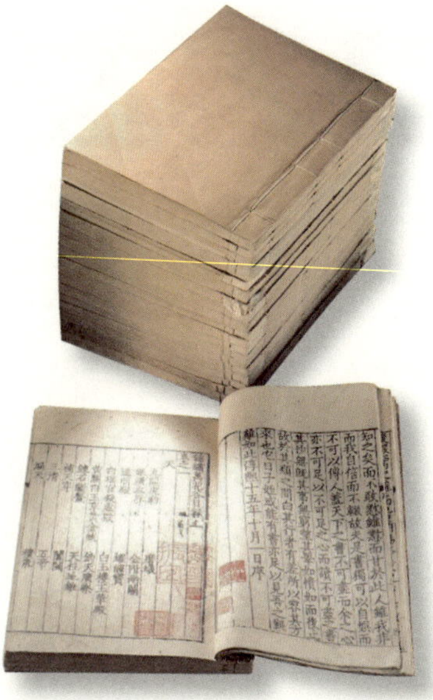

过云楼藏书之宋版书《锦绣万花谷》

名的宋刻本《锦绣万花谷》。《锦绣万花谷》是宋代的一部类书，原本分为前集、后集、续集各四十卷，共计一百二十卷。过云楼藏本《锦绣万花谷》存前、后集共八十卷，共计四十册，堪称全世界部头最大的宋版书。《锦绣万花谷》是宋代天文地理与人文风情等各类书籍的集成，相当于一部百科全书，完整地传承着宋代文明。

拓展问答

在过云楼的收藏中还有哪些著名作品呢？

在过云楼的收藏中有许多著名画作，比如《四梅图卷》《七君子图》和《吴郡真率会图》。

《四梅图卷》是南宋乾道元年（1165）扬无咎（jiù）69岁时画的。画卷分为四段，描绘梅花从含苞到初绽、怒放，最后凋零的全过程。全卷纯用水墨，不施任何色彩，很好地表现了寒梅淡色疏香的特征。

《七君子图》是中国最著名的元代绘画之一。在古代，文人

《吴郡真率会图》

十分喜爱画竹，因为竹子高尚的气节堪称君子。《七君子图》是七幅墨竹图。这幅《七君子图》引首是“六逸图”，因为作者并非一人，它是由元代赵天裕、柯九思、赵原、顾定之、张绅、吴镇等六位画竹名家合作而成，其中柯九思画了两幅。七幅墨竹，风格各异，变化万千，一卷之中名家荟萃，是历史上难得的珍品。

《吴郡真率会图》是顾文彬与吴云、沈秉成、勒方锜、李鸿裔等同道共同倡议建立吴郡真率会时的人物肖像画，用如今的话讲，这是一张集体照。《吴郡真率会图》复原了热衷于林泉生活的晚清士绅的交游场景，那份悠闲与风雅让后人羡慕不已。

课外活动

查阅资料，了解更多过云楼收藏的经典书画名作。

4 怡园

苏博士导读

听了顾氏一族保护古籍的故事，我才了解到原来收藏并不是一件容易的事！

除了书画作品，顾文彬还有没有其他收藏呢？

顾家的后花园怡园里不仅“收藏”了各个园林的精华，还“收藏”了盛大的琴会，我们一起去看看吧！

苏博士课堂

怡园建于清代晚期，是顾文彬在明代尚书吴宽旧宅遗址上精心建造的，园名取自《论语》中“兄弟怡怡”，意思是兄弟之间和悦相亲的样子。

在苏州古典园林中，怡园属于修建较晚的一座园林，而且它占地不大，但主人顾文彬在建园时将自己“收藏”的爱好发挥得淋漓尽致，把苏州各个园林的独特之处巧妙融合在怡园里：复廊效仿沧浪亭，水池临摹网师园，假山学自环秀山庄，旱船源于拙政园……吸取各园之长，巧置山水，自成一格。

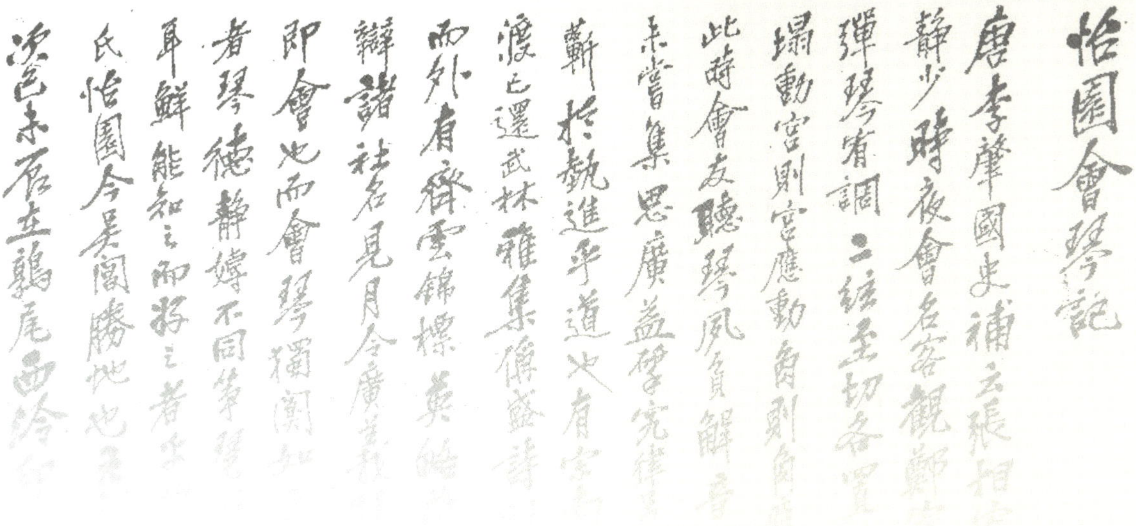

园中以一条巧妙绝伦的复廊为界，隔出东西两部，东部以建筑为主，西部水池居中。复廊中间的墙上开有各种式样的漏窗，从廊的一边透过漏窗可以看到廊的另一边景色。

怡园西部南侧还有一条长廊以书法闻名，长廊墙体嵌入了101块历代书法家的书法刻石，被称作“怡园法帖”。其中的《玉枕兰亭》是罕见的珍藏。《玉枕兰亭》就是《兰亭集序》刻石，相传王羲之《兰亭集序》墨迹已在唐贞观二十三年（649）为唐太宗李世民殉葬，宋代贾似道得到与真迹相差无几的墨迹摹本，于是请工匠花一年半时间精心镌刻在玉枕上，保存了王羲之的字迹。怡园长廊上的刻石就是依宋拓本复刻的，十分珍贵。除此之外还有怀素、米芾等人的书法刻石，几乎都是过云楼收藏的历代书法精品。

怡园历代主人还对琴文化十分感兴趣，在园中建造坡仙琴馆，收藏古琴，邀请当时文人雅士齐聚园中举办“怡园琴会”，弘扬琴文化。1919年仲秋，第三代怡园主人顾麟士首次在此举行琴会，吴昌硕作《怡园琴会记》，顾麟士为《怡园琴会图》题诗……1935年第二次琴会，为今虞琴社建社之发轫；1986年，吴门琴社在此成立。

如今，距第一次琴会已逾百年，吴门琴社还会定期在此举办琴会雅集，琴声犹在怡园中飘荡。琴文化在此传承、弘扬。

拓展问答

我看见在坡仙琴馆中挂着苏东坡的画像，坡仙琴馆是取自苏东坡的名字吗？为什么呢？

这就和顾麟士的儿子顾公硕有关了。顾公硕继承了父亲的志向，不遗余力地收藏。他还善于抚琴，淘得宋代苏轼所制的古琴——玉涧流泉琴，十分珍爱，于是在怡园内建坡仙琴馆，用来珍藏古琴。

苏博士，我知道古琴与昆曲一样，被列为非物质文化遗产，您能给我们介绍一下吗？

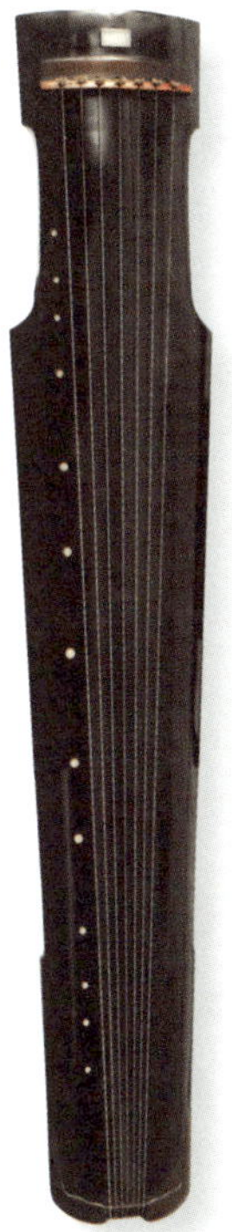

古琴蕴含着丰富而深刻的文化内涵，千百年来一直是中国古代文人士大夫用以表达心志的器物。在古代诗词、史书、小说、戏文、绘画中都有古琴的身影。2003年11月，中国古琴艺术被联合国教科文组织列入第二批“人类口述和非物质遗产代表作”。经过挖掘、保护与恢复，一批古琴曲，如《梅花三弄》《阳关三叠》《广陵散》等，又能为大众所欣赏。

课外活动

参观怡园，欣赏一首古琴曲，写一段听后感。

社会实践课　寻访张凤翼故居

苏博士去哪儿

同学们，今天苏博士要带你们去参观的地方是张凤翼故居。张凤翼是明代著名戏曲家，也是苏州五百名贤之一，他和两个弟弟燕翼、献翼都很有才华，时人号为“三张”。考考你们，“各人自扫门前雪，莫管他家瓦上霜”与“破镜重圆”分别出自张凤翼的哪部作品？

老师说过，不明白的时候，就要查资料，让我们查查。

第一句出自《灌园记》，原来这句话出典在这儿！

“破镜重圆”的典故来自乐昌公主与她的丈夫徐德言，《红拂记》中也写到了这段故事。

没错，张凤翼不仅擅长写作，书法也很有名。当时，上门求字的人可是络绎不绝呢。张凤翼故居位于干将东路与临顿路交叉口以西，同学们和我一起去参观一下吧。

微旅游路线推荐

干将东路——张凤翼故居——孙岳颁故居——由巷——庞莱臣故居——官巷——光裕书厅

同学们也可以设计属于自己的微旅游路线哦！

完成微记录

选择一种完成

1. 完成“微旅行足迹图”：

（1）画下你的旅行路线；

（2）在路线图中贴上你的旅行照片；

（3）标注旅行目的地和它的简介。

2. 完成“我眼中的张凤翼”思维导图：

(1) 了解张凤翼的人生经历与作品；

(2) 了解张凤翼的朋友圈；

(3) 制作一张思维导图，写下你对张凤翼的认识。

俞樾故居关键词

★ 曲园、春在堂

★“余荫甫拼命著书”

★ 俞平伯与《红楼梦》

★ 李鸿章与洋务运动

第五单元

俞樾故居

1 俞樾故居——曲园

苏博士导读

小美，你知道昌黎先生、临川先生分别指谁吗？

这可难不倒我，当然是韩愈和王安石。

文文，我要考你更难一点的。聊斋先生、饮冰室主人是指谁？

以书斋名为号的学者——蒲松龄与梁启超。

同学们已经发现了，许多文人会以地名作为自己的字、号和别称。其中就有将自己居住的园林名称作为号的俞樾。

我知道俞樾号曲园居士。

文文说对了。曲园是俞樾的故居，今天就让我们走进曲园，听一听这里曾发生的故事。

苏博士课堂

景德路南，人民路西，有一条东西向的小巷叫马医科。由小巷西向东走，没几步路就能看到一片粉墙黛瓦的中式建筑，这里便是清末朴学大师俞樾的故居——曲园。一百多年前，俞樾在此著书、讲学、以文会友。

清同治十三年（1874），俞樾在友人的资助下买下一块废地。他亲自设计，利用弯曲的地形凿池叠石、栽花种竹，建造了曲园。

据相关史料记载，俞樾当年所建小园的形状和篆文“曲”字相仿，又因园中凿一凹形小池也似“曲”字，所以称此园为“曲园”。另外，此园名也应《老子》“曲则全”句意。

走进曲园，就见梁上悬挂着“探花及第”的竖匾。那是俞樾长孙俞陛云的科举成绩。俞陛云从小跟随祖父母生活，由祖父俞樾亲自教育。俞樾看重科举，并对俞陛云寄予厚望。当收到俞陛云以一甲三名赐探花及第的喜讯，俞樾特别高兴，把“探花及第”竖匾挂于当门。

在园内主要建筑物春在堂的屏门上，刻有俞樾撰写的《春在堂记》，讲述了“春在堂”堂名的由来，以及他与曾国藩的师生情谊。那是道光三十年（1850），俞樾在保和殿应礼部复试，试题为“淡

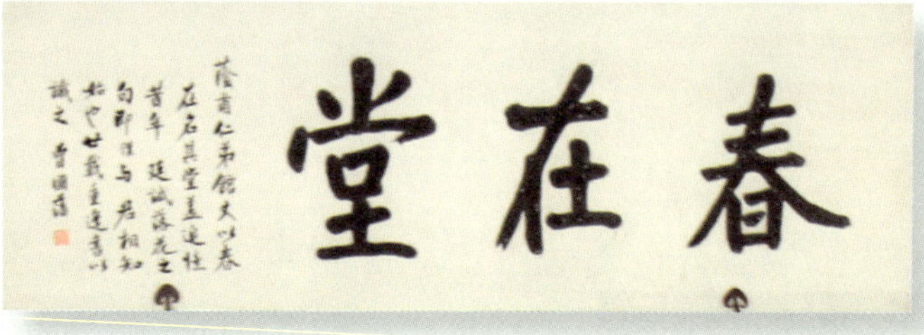

烟疏雨落花天”。这场考试非常注重考生的书法，俞樾认为自己的书法不够突出，所以在得知自己复试第一时，他十分疑惑，后来才知道是主考官曾国藩十分赏识自己的答卷。俞樾的答卷首句是“花落春仍在，天时尚艳阳”，曾国藩认为此句咏落花而无衰飒之气，用意积极，擢为第一，后又亲自题写“春在堂”匾额留念。

1907年，俞樾在曲园病逝，曲园由他的孙子俞陛云等居住。民国初年，俞樾的后裔离开苏州，他家的亲戚租住在曲园。中华人民共和国成立后，俞樾的曾孙俞平伯于1953年将曲园捐赠给国家。

如今向游人开放的曲园，虽不事雕琢，却自有风雅之气。在曲园的各个厅堂和庭园里走走看看，随处都能感受到浓厚的文化气息。

拓展问答

俞樾是一位朴学大师，那朴学是一门什么样的学问呢？

朴学又称考据学，主要的工作是对古籍加以整理、校勘、注疏、辑佚等，是一门传统学术，崇尚朴实无华的治学风格。朴学注重资料的收集和证据的罗列，少有理论的阐述及发挥，也不注重文采，是清代学术思想的主流学派。

为什么主考官曾国藩这么赏识俞樾“花落春仍在，天时尚艳阳”的答案呢？

因为当时晚清政府内忧外患、时局动荡，正急需选拔贤能的人振兴国家。俞樾的回答蕴含着生机盎然的气象，这与主考官曾国藩百折不挠的人生态度不谋而合。

课外活动

狮子林有菊，沧浪亭有兰，菖蒲作为“花草四雅”之一，正与曲园的文人品格相契合。查阅资料，了解菖蒲与曲园的渊源。

2 俞樾其人

苏博士导读

孩子们，你们都去过寒山寺吗？

每年我都会和爸爸、妈妈去那里听跨年钟声。

那大家有没有仔细欣赏过《枫桥夜泊》的诗碑呢？

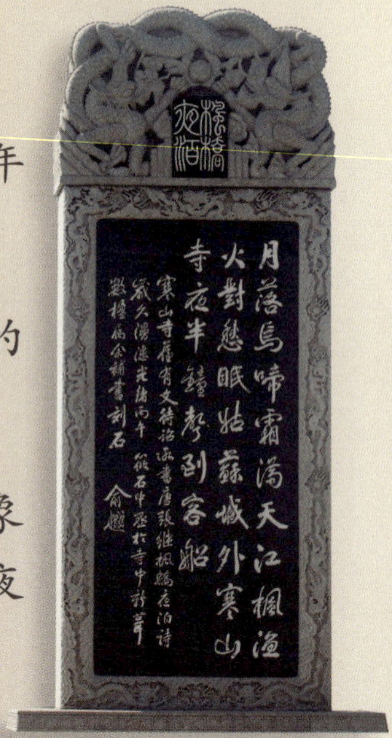

我看过！好多名家都题写了这首诗，我印象最深的就是那块出自俞樾之手的《枫桥夜泊》诗碑了。

看来俞樾的书法水平很高啊！

是的。那么这节课，我就带领大家深入了解下这位清末著名的朴学大师俞樾。

苏博士课堂

俞樾是浙江德清人，字荫甫，生于清道光元年（1821）。他是道光三十年（1850）的进士，后受咸丰皇帝赏识，被任命为河南学政。学政主管一地的文化教育，此职由皇帝亲自任命，号称“学台”，获任学政是非常荣耀的事情。此外，俞樾还深受老师曾国藩的器重。但他的仕途却非常短暂，之后他更一心扑在做学问上。当时流传着这样的说法："李少荃拼命做官，俞荫甫拼命著书。"李少荃就是晚清权倾一时的李鸿章，他和俞樾是同科举人，都出自曾国藩门下。

为何俞樾起点颇高，其仕途和李鸿章的却大相径庭，俞樾又是怎么走上"拼命著书"的道路的呢？这要从俞樾被罢官的原因说起。

原来，俞樾不仅擅长写八股文，还是命题高手。当时命题有出"割裂题"和"截搭题"的风气，即将完整的句子截去头尾，或将几句互不关联的内容捏在一起，将"四书"和"五经"中的字句以自由组合的方式来命题。俞樾在担任河南学政时，采用该方法出了几道他自认为颇有创意的题目，本意是防止学生猜题，没想到被御史弹劾命题"割经裂义"，甚至说这几道题目有犯上之嫌。咸丰皇帝大怒，下旨严查。好在有曾国藩从中斡（wò）旋，俞樾免于死刑，最终被革职为民，永不录用。就这样，俞樾丢了官，从此绝意仕途。

当时正值太平军进攻浙江，因思慕吴地文脉深厚，俞樾就打消了回原籍隐居的念头，选择移居苏州。

不过，俞樾到苏州还有个原因——他得到了时任江苏巡抚、同科李鸿章的襄助，从而出任苏州紫阳书院主讲，同时得以游历苏杭两地，讲学著书。自此以后，俞樾埋首钻研朴学，在经学、史学、诸子学、文字学以及音律、训诂、书法等方面都有很深造诣。俞樾一生著书不倦，其

著作种类多、数量大。俞樾讲学影响也很大，声名远扬海外，慕名求学的人接踵而至，号称“门秀三千”。章太炎、吴昌硕，乃至日本的井上陈政等均出自其门下，其影响力可见一斑。

俞樾虽在官场上失意，却能够另辟蹊径，笃志于学，终成国学鸿儒、一代宗师，也算是“塞翁失马，焉知非福”了。

拓展问答

和俞樾同为曾国藩学生的李鸿章又是个怎样的人物呢？

李鸿章是一位务实能干的晚清名臣，是洋务运动的领袖之一，他建立了中国第一支西式海军——北洋水师。李鸿章与曾国藩、张之洞、左宗棠并称为“晚清中兴四大名臣”。

现在苏州还有紫阳书院吗？

苏州紫阳书院是在康熙五十二年（1713），由江苏巡抚都御史张伯行在苏州府学中创建的，是当时苏州最大的书院，也是江南地区著名的学府。紫阳书院曾历经多次毁坏和重修，还在光绪年间停办，随后与其他学校合并，渐渐成为如今的苏州中学。苏州中学内的尊经阁就是曾经的紫阳书院，其中还留有一些与紫阳书院相关的碑文。

课外活动

去寒山寺寻访《枫桥夜泊》诗碑。

尊经阁的石碑

3 俞平伯与《红楼梦》

苏博士导读

中国四大名著之一的《红楼梦》，同学们了解吗？

我知道！《红楼梦》的作者是曹雪芹，它讲了贾、史、王、薛四大家族的兴衰，主角是贾宝玉。

《红楼梦》中的金陵十二钗家喻户晓，是文中美貌而有才情的十二位女子。

我还知道在中国，研究《红楼梦》的人很多，并形成了一门特定的学问，叫“红学”。

同学们知道的真不少！其实有一位红学大师和苏州渊源颇深，那就是俞平伯。今天让我们来了解一下他。

苏博士课堂

俞平伯，原名俞铭衡，字平伯，1900年出生于江苏苏州，是清代朴学大师俞樾的曾孙。俞平伯幼年时跟随曾祖父生活在苏州。俞樾疼爱小重孙，据说在俞平伯双满月时，俞樾亲自抱着他剃头，并赋诗志喜。在俞平伯3岁的时候，俞樾写下一副“培植阶前玉，重探天上花”对联，寄予了对曾孙的厚望。如今还能看到一帧82岁

的俞樾和3岁的俞平伯在曲园中的合影。

俞平伯小小年纪就在俞樾的书房里读书、识字、做功课。据说俞樾在春在堂为俞平伯授课时，要求严格，不允许俞平伯有半点马虎。俞平伯每读过一本书，俞樾都要求他在书上盖上一枚“拼命著书”的印章。

1915年，俞平伯进入苏州平江中学读书，半年后考入国立北京大学文学系预科。当时正是新文化运动从兴起走向蓬勃发展的时期，年轻的俞平伯也受到了新文化运动的洗礼。

1918年5月，俞平伯的第一首新诗《春水》和鲁迅的小说《狂人日记》一起刊登在《新青年》上，俞平伯成为中国白话诗创作的先驱者之一。

1921年，俞平伯开始研究《红楼梦》。

此前，人们对《红楼梦》这本名著已经多有研究。当时主流研究者猜测《红楼梦》可能写的是清初某一个家庭，而一般家庭又不会有“天恩”，于是又进一步猜想，可能是康熙末年“一勋贵家事”。究竟

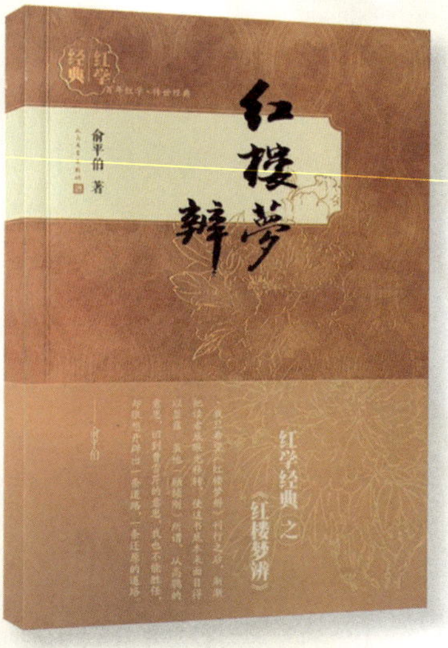

是哪一家的家事呢？有的说明珠家，有的说傅恒家，有的说张侯家。这些研究起于猜测，止于猜测，辗转相传，缺乏论证。

而俞平伯对《红楼梦》的研究，走的是考据的道路。俞平伯研究了大量《红楼梦》的早期抄本以及作者曹雪芹的生平资料，考证出《红楼梦》原书只有前八十回是曹雪芹所作，后四十回是高鹗（è）续作；证明了《红楼梦》是以作者身世经历为底本的文学作品，而不是明清宫闱（wéi）史的变换，也不是明珠或其他官宦家庭生活的翻版。

民国十二年（1923），俞平伯出版了他的第一部，也是奠定他红学学术地位的专著《红楼梦辨》。这是他对《红楼梦》研究划时代的贡献。俞平伯也由此与胡适一同成为新红学的奠基人。

拓展问答

新文化运动是一场怎样的运动?

新文化运动有着深远的意义。简单来说，它是中国反对封建思想的启蒙运动，推动了现代科学在中国的发展，促使了马克思主义在中国的广泛传播。

白话诗是什么样的诗呢?

白话诗是指打破旧诗格律，不拘字句长短，用白话写作的诗。白话是相对于文言文而言的，是接近日常生活语言的文字表达方式，是平常老百姓会话所用的语言。

课外活动

阅读《红楼梦》节选，向同学推荐你喜欢的内容。

4 务实能臣李鸿章

苏博士导读

我去参观了曲园，读到很多牌匾、楹联，里面就有李鸿章的呢。

曲园里为什么会有李鸿章的题字呢？

因为李鸿章和俞樾师出同门，他们都是晚清重臣曾国藩的门生。

没错，李鸿章是一位务实的大臣，与曾国藩、张之洞、左宗棠并称为“中兴四大名臣”。当俞樾“拼命著书”的时候，李鸿章在忙着推行洋务运动。洋务运动是中国近代史上的重大事件，它对中国的政治、经济以及文化都产生了深远的影响。今天就让我们去了解这段故事！

苏博士课堂

清末积弊，经过两次鸦片战争的失败，以及太平天国的打击，整个国家处于水深火热、内忧外患的境地。昔日以铁骑征服中原的大清帝国，抵不过列强的船坚炮利。在顽固派死守祖宗规矩，不图维新之时，李鸿章顽强地站了出来。

李鸿章在实战中领略到了西洋军械的

威力，从而产生了“虚心忍辱，学得西人一二秘法”的想法。他手下的军队用了不到一年，“尽改旧制”，转变成了装备洋枪、洋炮的新式军队，并雇请外国教练训练，大大提高了战斗力。但是，只提高自己手下军队的战斗力还远远不够，于是李鸿章开始推动洋务运动。

洋务运动又被称为“自强”运动，李鸿章主张引进西方先进生产技术，创办新式军事工业，训练新式海陆军，建成北洋水师等。李鸿章坚持“师夷长技以制夷”的理念，也就是用学习西方的长技来抵制西方的侵略。在这一理念的影响之下，清政府主持兴办了一系列军用工业生产厂，有福州船政局、天津机械制造厂，还有位于上海的江南制造总局等。

建成了军用工业生产厂就能马上开始生产枪炮了吗？还有一连串的问题要解决：铸造枪

炮的原料、采购原料的资金从哪来？原料怎样运输到军工厂？生产出的枪炮怎样运抵军营？于是李鸿章又组织兴办采矿业、造船业、铁路、通讯、纺织等新式民用工业，来解决原料、资金与运输问题。李鸿章在上海创办的第一家民用企业——轮船招商局，开办仅三年时间，就为清政府收回了一千三百多万两白银，不仅打破了外国航运公司在中国的垄断局面，还把其业务发展到了外国。

要推动洋务运动，还需要一大批精通洋务的人才，这是当时中国的传统科举制教育完全无法实现的。因此，李鸿章又兴办新式学堂，派遣留学生。开办的新式学堂主要为工程、通讯、医务等行业培养新型人才；派遣留学生，更能系统地学习西方先进的科学技术。这些留学生里面有我们熟悉的“中国铁路之父”詹天佑，清华大学创始人、第一任校长唐国安，民国第一任总理唐绍仪等。

作为洋务运动的推动者，李鸿章是少有的能够睁眼看世界的大臣。虽然洋务运动没能挽救清朝的灭亡，但中国工业化、现代化的开端，就始于此。

拓展问答

为什么开展了洋务运动，清朝还是灭亡了？

1894年甲午中日战争中，北洋水师全军覆没，标志着历时三十余年的洋务运动破产。洋务运动无法救中国，是因为李鸿章等人只是主张学习西方技术，极力维护的依旧是清政府的统治，是封建思想和封建制度。传统封建制度的弊端过大，洋务运动只是把清朝灭亡的时间向后推了几十年。

课外活动

查阅资料，了解李鸿章创办的海军舰队——北洋水师。

叶圣陶故居关键词

★ 滚绣坊小院、草桥中学、叶圣陶纪念馆

★ 陆文夫；《苏州杂志》；《美食家》

★ 叶圣陶教育理念：养成良好的习惯

★ 我国现代第一个童话故事——《稻草人》

第六单元

叶圣陶故居

1 叶圣陶故居

苏博士导读

前两天，我参加社会实践活动，参观了苏州第一中学，老师说，那里的大哥哥、大姐姐们都是“学霸”呢。我也要像他们一样好学奋进。

在苏州第一中学的校园里有一座雕像，是一位端坐着的老人，你看到了吧？知道他是谁吗？

会在学校里出现的雕像，应该是一位老师吧！

我知道，他就是中国著名的教育家叶圣陶。

想多听听他的故事吗？今天，我们就去他的故居走走。

苏博士课堂

叶圣陶，1894年10月28日生于江苏苏州，原名叶绍钧，圣陶是他的字。这字的来由，也是颇有一番故事呢。他12岁时，在苏州长元吴公立小学读书，请先生章伯寅给他取一个立志于爱国强国的字。章先生说：“你名绍钧，有诗曰‘秉国之钧’，取‘秉臣’为字好。”章先生还教育他要爱国就得先爱乡土，知晓乡土的山川史地、名人伟业。1911年，旨在推翻清朝专制帝制、建立共和政体的全国性革命——辛亥革命爆发了，11月，苏州起义宣告胜利。清朝已经覆灭了，皇帝被打倒了，不能再做“臣”了，得再好好取个有志气的字。叶绍钧又找到先

生，恳请先生给改个字。先生笑了笑说：“你名绍钧，有诗曰‘圣人陶钧万物’，就取‘圣陶’为字吧。”就这样，叶绍钧有了新的字。

1907年，叶圣陶考入了草桥中学，也就是现在的苏州第一中学。中学毕业后的叶圣陶成了一名小学教师，不仅教书育人，还要编写教科书，同时不忘文学创作，生活过得充实而忙碌。1923年，叶圣陶进入商务印书馆开始从事编辑出版工作，后又主办杂志，致力于写作。中华人民共和国成立后，叶圣陶历任人民教育出版社社长、总编辑，教育部副部长、顾问，中央文史研究馆馆长等。曾当选全国政协副主席、全国人大常委会委员、中国文学艺术界联合会委员、中国作家协会理事等。头衔太多，一口气都报不过来了。

叶圣陶在1935年用稿费积蓄买下苏州滚绣坊青石弄5号的房产。这处房产在僻静的小巷里，只是普通的平房，从空中俯瞰呈“丁”字形，有青砖廊道和方形立柱，布局开阔，庭院内有一排紫藤紧紧贴在墙上，和小径一起一直蔓延到幽静的室内。那时候，叶圣陶在上海开明书店工作，常常是上海、

苏州两地跑，除了月底要去书店发稿，其余时间，他就在青石弄的家中主编《中学生》杂志，给创刊的《新少年》写小说、童话，编写《国文百八课》等教材。就这样，叶圣陶在苏州过了两年惬意生活。可是后来抗战全面爆发，他不得不背井离乡，把青石弄的房子托付给朋友照看。1984年底，年迈的叶圣陶委托他的好友陆文夫把这处房产捐赠给了国家。后来，修缮好的叶圣陶故居成了《苏州杂志》的办公地点，至今仍代替叶圣陶为他心心念念的文学事业尽着一份力。

拓展问答

章先生给叶圣陶取字时说的“圣人陶钧万物”是什么意思呢？

这句话的意思是，贤德的圣人能陶冶、造就世界上的一切事物。先生借由这句话寄托对叶圣陶的期望，希望叶圣陶成为一位贤德的人。

我听说苏州还有一座叶圣陶纪念馆，在哪里呢？

叶圣陶纪念馆位于甪直镇叶圣陶公园，建在吴县第五高等小学原址上。1917年至1922年，叶圣陶曾在这里任教，也与这里结下了深厚的情缘。

课外活动

古人取字，都有着特别的含义。同学们去查一查古人的字是怎么来的，跟大家分享一下你了解到的有趣的苏州名人的字吧！

2 《苏州杂志》与陆文夫

苏博士导读

苏博士，叶圣陶故居里面的紫藤花开得真漂亮！天天待在那里的人真是太幸福啦！

现在那儿是苏州杂志社的所在地，我还买了一本《苏州杂志》来读，里面的内容真丰富，让我更了解苏州了。

苏州杂志社成立于1988年，同年12月开始编印。创办至今，出版已逾百期了呢。

那你们知道《苏州杂志》有一个大红人是谁吗？

我知道，一定是被尊称为“陆苏州”的陆文夫先生，他可是苏州有名的美食家！

苏博士课堂

虽然陆文夫出生在长江彼岸的江苏泰兴，但是他一生中近六十年的光阴都是在苏州度过的。从少年时代考入苏州中学起，他就跟苏州结下了不解之缘。1949年，大学毕业的陆文夫回到苏州，成为一名报社记者，一干就是八年。在此期间，1955年，陆文夫开始走上文学创作之路，第二年发表的短篇小说《小巷深处》让他一举成名。随后，他加入江苏省文联、中国作家协会，从事专业创作，自此笔耕不辍。1988年，在陆文夫的主持下，《苏州杂志》创刊。如今，《苏州杂志》已经出版超过百期。

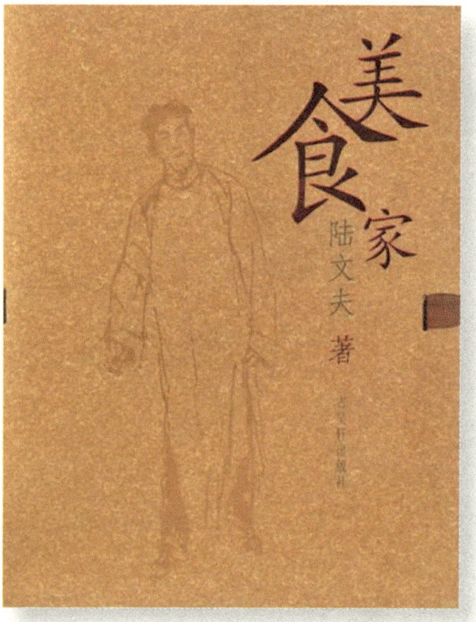

翻开《苏州杂志》，里面的栏目名字十分有趣：《人与城》讲述当代人事、城乡新貌、文化热点，《生命的留痕》点评古代至近现代人物，《梦中的天地》记外地人写苏州、游子忆故乡，《美食家》专门介绍吴地风物、美食、饮食名店、名厨，《小巷深处》多为有江南风味的小说、散文、诗歌……其实这些栏目都是为了纪念陆文夫对《苏州杂志》的贡献，而选取了他的作品题目为名。

陆文夫最有名的一部作品要数中篇小说《美食家》了，它使陆文夫“会吃”的名声远播文坛内外。就拿苏州人平时最常吃的面来说，《美食家》里细致地列出了一大堆的说法……从那以后，陆文夫每到一家饭店用餐，厨师得知陆文夫来吃饭，心中都有些惴惴不安：给大美食家做饭，那不就是在行家面前班门弄斧吗？万一发挥失常，坏了自己的名声怎么办！

忐忑的心情，就跟你们考试时的心情一样，又紧张又期待，一心想证明自己的能力。

虽然陆文夫的作品写的都是苏州人普通的吃喝、日常生活，却能小中见大，反映出深刻的社会历史内涵和思想意蕴。而且他的作品有很浓郁的幽默感，陆文夫自称为“糖醋现实主义”，轻松中见锋芒，笑声中有反省。

拓展问答

为什么说陆文夫“会吃”？他吃东西很挑剔吗？

哈哈，这个“会吃”可不是你理解的那个“会吃”。从陆文夫的小说中可以看出，他是一个食不厌精、脍（kuài）不厌细的人，讲究吃得好、吃得精、吃得有营养，懂得美食的文化。去读读《美食家》吧，读完你就会理解大家为何说陆文夫“会吃”了。

为什么叶圣陶会把自己的房子交给苏州文联，供苏州杂志社办公呢？

《苏州杂志》主编陆文夫在回忆文章中是这么说的：“叶老在世的时候，把他在苏州的一座房子交给我，要我设法修好，供各地的作家来苏州旅游时居住……”叶圣陶希望可以用这座房子招待各地的作家们。1988年，《苏州杂志》创刊，1990年苏州杂志社正式迁入这里，全国各地的作家到苏州来，必定要来苏州杂志社坐坐，叶老的愿望实现了。

课外活动

读一读《美食家》，跟着陆文夫先生的文字去找一找、品一品苏州的美食。

3 叶圣陶教育理念

苏博士导读

文文，这一题“授人以（　　）不如授人以（　　）”，这两个同音字我总是搞不清楚，你是怎么记的？

其实，你只要理解它的意思就不会记错啦。这句话是说：传授给人既有知识，不如传授给人学习知识的方法。你看，直接送你鱼吃，吃完就没了，不如教你捕鱼，想吃时就可以自己捕了吃。所以，应该填“授人以（鱼）不如授人以（渔）”。

文文，你这个方法真是太好了，这下我肯定不会搞错了！

文文真是个很棒的小老师。这也正是教育家叶圣陶的教育理念，他认为“好的先生不是教书，不是教学生，乃是教学生学”。今天我们就来学学叶圣陶的教育理念吧。

苏博士课堂

你们还记得吗？我们说过，1917年至1922年时，年轻的叶圣陶在吴县第五高等小学任教。工作之余，他常常思考：教育是什么呢？经过长期实践，他认为，教育就是要教学生养成良好的习惯，就是要让受教育者学会“做人”。

习惯有好的，也有坏的。好的习惯养成了，终身得益；坏的习惯养成了，终身受累，甚至还会殃及旁人、贻害社会。叶圣陶认为，在说不

尽的众多习惯中，有两种习惯万万不可养成：一是不养成什么习惯的习惯，二是妨害他人的习惯。所谓“不养成什么习惯的习惯”，就是对待任何事情都随随便便，想怎样就怎样，不上任何规矩，也根本不想上什么规矩，一切随心所欲。而妨害他人的习惯更是损人不利己的。

叶圣陶是著名的教育家，他教育起自己的儿女来自然也有一套。有一次，叶圣陶让儿子递给他一支笔，儿子就随手递过去，不料笔头放在了父亲手里。叶圣陶就对儿子说：“递一样东西给人家，要想着人家接到了手方便不方便。你把笔头递过去，人家还要把它倒转来，倘若没有笔帽，还要弄人家一手墨水。刀剪一类物品更是这样，决不可以拿刀口、刀尖对着人家。”叶圣陶还告诫儿女开关房门要想到屋里还有别人，不可以“砰”的一声把门推开或带上，要轻轻地开关。

他还很会运用一些小技巧来帮助孩子养成好习惯。比如到了冬天，儿子走出屋子没把门带上，父亲就在背后说：“怕把尾

巴夹着了吗？”次数多了，不必再用这么长的句子，叶圣陶只喊：“尾巴，尾巴!”儿子就反应过来了。

就这样，儿子渐渐养成了冬天进出随手关门的好习惯。

虽然这些都是生活中很小的事，但是通过这些小事，子女们深深地懂得了：我是生活在人们中间的，在我以外，更有他人，要时时处处为他人着想。

拓展问答

怎样养成好习惯呢？

叶圣陶爷爷认为养成好习惯，要从“早”抓起，从“小”抓起。从“早”抓起，是指在习惯没有养成之前，集中心力，勉励自己去做。只要坚持下去，就能渐渐不觉得勉强，习惯成自然了。所谓从“小”抓起，就是强调要从细微的一言一行、一举一动上注意养成好习惯，这样，才能在对待大事、处理大局上也处处正当适宜。

我总是坚持不了该怎么办呢？

叶圣陶爷爷说了，习惯的养成必须靠受教育者自己尝试着去做，尝试着按照规定的要求去做。要想坚持下去，首先要下定决心，可以将目标告诉好朋友，互相督促，分享达成进度，激励自己坚持。坚持了一段时间，看到了一定的成效，你就会觉得其实坚持并不是太难的事。习惯的养成只能靠自励，贵在“自得”，这也是叶圣陶的教育理念——“教，是为了不教”。

课外活动

和你的好朋友交流一下各自在平时的生活、学习中都有哪些好习惯，互相学习彼此的好习惯。

4 《稻草人》

苏博士导读

最近你们都在看什么书呀？我刚把《西游记》读完，在考虑接下来该看什么呢。

我在看百科全书，上面有那么多的科学知识，感觉永远都学不完。

我的最爱是童话故事！

童话故事我也很喜欢，故事里描绘的虚拟世界或事物可有趣了。作者的想象力太丰富了！

是的，童话故事是经过想象、幻想和夸张来塑造艺术形象，反映生活，促进儿童性格成长的一种儿童文学。今天我们来读读我国现代第一个童话故事——《稻草人》吧！

苏博士课堂

《稻草人》是叶圣陶于1922年发表的中国现代童话，它是我国现代第一个童话故事，是中国文学史上最早为儿童创作的文学作品之一。为了启迪孩子们认识、关心周围发生的事，同时了解现实生活中成人的悲哀，叶圣陶写下了《稻草人》这个故事。

故事描写了一个富有同情心而又无能为力的稻草人的所见所思：稻草人在夜晚把身边的一切看在眼里。它看见孤苦无依的老太太，不仅死了丈夫和儿子，自己的眼睛也快瞎了，好不容易盼来了稻子的好年成，虫灾却又来了；它看见渔妇的孩子得了重病不停咳嗽，想喝茶却只能哭喊，渔妇一心打鱼，无力顾及生病的孩子，自己累垮了，连辛苦打到的鱼也干死了；它看见一个女人因为要被赌棍丈夫卖掉，连夜跑到这里，跳河了……稻草人多想出声提醒，甚至替这些身边人受苦，可是它却一动也不能动。故事真实地描述了当时中国农村风雨飘摇的人间百态，让儿童懂得了劳动人民的苦难。

故事的最后，稻草人自己也倒在了稻田里，这和我们平时看到的很多西方童话的结局不同。“童话故事的结局”通常指的是快乐、圆满的结局。而《稻草人》把人间惨祸集中到一起，全堆在读者的眼前。为什么要这样写呢？可能和当

时的社会环境大有关系。那时的中国，国内几方人马打得不可开交，民不聊生，国外列强环伺，虎视眈眈，想要将中国一口吞入腹中。在这样的现实背景下，百姓的生活十分艰难，甚至难以为继，自然不会有任何“幸福快乐的结局”了。

叶圣陶的童话体现出一种与众不同的风格，在他的童话作品中，现实生活中的普通人物，如车夫、乞丐、卖唱女、木匠、邮差等，代替了当时西方童话作品中最常见的王子、公主形象，普通人的日常生活代替了奇特的魔法咒语，因此，他的童话被认为是“给中国的童话开了一条自己创作的路”。

拓展问答

叶圣陶还写过哪些童话呢？真想找来读一读。

叶圣陶还写了《旅行家》《小白船》《古代英雄的石像》《一粒种子》等童话故事，快去读一读吧！

西方童话故事中有没有体现人民苦难生活的作品呢？

有啊，如丹麦作家安徒生的《卖火柴的小女孩》、英国作家王尔德的《快乐王子》等童话，都展现了当时底层百姓饥寒交迫的生活，表达了作家对饱受贫困之苦的劳动人民的同情与对社会现实的思索。

课外活动

每人准备一个童话故事，给同学们讲一讲。

社会实践课 寻访李根源故居

苏博士去哪儿

同学们知道十全街上的阙园是哪位名人的故居吗?

我曾在苏州十全街上看到过李根源故居的铭牌，阙园是李根源的故居吗?

没错！李根源的母亲姓阙，他对母亲十分敬重，所以把这处园子称为阙园。

我查了资料，李根源是近代名士，还是全国政协委员，他是云南腾冲人，视苏州为第二故乡，在苏州收集地方文献、筑路办学、从事抗日救亡活动，做了许多实事!

文文提前查资料的做法很好！今天，我就带你们到李根源故居走一走，听一听这位辛亥革命的先驱、杰出的爱国民主人士李根源的故事。

微旅游路线推荐

十全街——叶圣陶故居——李根源故居——迎枫桥弄——十梓街——顾廷龙故居——凤凰街——周瘦鹃故居——定慧寺巷——吴作人艺术馆

完成微记录

选择一种完成

1. 完成“微旅行足迹图”：

（1）画下你的旅行路线；

（2）在路线图中贴上你的旅行照片；

（3）标注旅行目的地和它的简介。

2. 完成“微旅行问题记录”：

（1）带着问题微旅行（李根源是谁？李根源的《吴郡西山访古记》是怎样一部著作？李根源与苏州小王山有什么渊源？）；

（2）将旅行后得到的答案记录下来；

（3）写一写自己的微旅行心得。

附录　苏州名人故居与纪念馆一览

姑苏区

王鏊故居　明代文渊阁大学士
学士街天官坊2、10、11号（怡老园）

唐寅故居　明代书画家、诗人
平门内西大营门双荷花池13号

张凤翼故居　明代戏曲家
干将东路712号

申时行故居　明代状元、宰相
景德路330号（苏州中医药博物馆）

汤斌廉政文化展示馆　清代政治家、书法家
百花洲西大街105号

彭定求、彭启丰故居　清代祖孙状元
十全街103号

叶天士故居　清代名医
渡僧桥下塘48、50、52、54号

沈德潜故居　清代诗人、内阁学士
阔家头巷24、26号

潘麟兆故居　清代著名富商
平江路卫道观前3号

潘世恩故居　清代状元、武英殿大学士
钮家巷3号

吴云故居　清代金石学家、苏州知府
金太史巷4号

顾文彬故居　清代宁绍道台、收藏家
干将西路怡园南部

俞樾故居　清代学者
马医科巷43号（曲园）

吴大澂(chéng)故居　清代金石学家
凤凰街139号，沈衙弄1、4号

洪钧故居　清代状元、外交家
悬桥巷29号

尤先甲故居　清代苏州商务总会总理、议董
刘家浜41号

陆润庠故居　清代状元
阊门内下塘街10号

盛宣怀故居　清代官员、洋务运动代表人物
阊门天库前48-2号

谢家福故居　清代上海电报总局提调
桃花坞大街268号

曹沧洲故居　清代名医
阊门西街59、61号

庞莱臣故居　近代收藏家
颜家巷26、28号

章太炎故居　近代学者、民主革命家
锦帆路38号

萧退庵故居　近代书法家
阔家头巷6号（圆通寺）

吴待秋故居　近代画家
装驾桥巷34号

沈瓞(dié)民故居　近代学者、民主革命家
富郎中巷21-1号

李根源故居　近代北洋政府、国务院代总理
十全街279号

何亚农故居　近代收藏家
带城桥路99号（南园宾馆）

潘镒(yì)芬故居　近代黄河治理专家
大儒巷46、48、51、52号

程小青故居　近代作家
望星桥北堍23号

顾颉刚故居　近代史学家
悬桥巷4、7号（顾家花园）

范烟桥故居　近代作家
临顿路温家岸17号

叶圣陶故居　近代作家、教育家
滚绣坊青石弄5号

周瘦鹃故居　近代作家
王长河头3号
钱伯煊故居　近代名医
悬桥巷23、25号
顾廷龙故居　近代版本目录学家
十梓街116号

相城区

孙武纪念园　春秋时期军事家、政治家
文灵路西侧
王皋（gāo）故居　宋代太尉、三槐堂近祖之一
花园浜南弄西150米
冯梦龙故居　明代文学家、思想家、戏曲家
黄埭镇冯梦龙村冯埂上

吴江区

计成纪念馆　明代造园家
花园路2452号
王锡阐纪念馆　清代天文历算学家
震泽中学东侧
陈去病故居　近代诗人、南社创始人之一
同里镇三元街15号
施肇（zhào）基故居　近代外交家
震泽镇施祠
柳亚子故居　近代诗人、南社创始人之一
黎里镇中心街75号
张应春烈士纪念馆　近代革命烈士
黎里镇黎星村葫芦兜

吴中区

范仲淹纪念馆　宋代思想家、政治家、文学家
天平山风景区内
蒯（kuǎi）祥纪念馆　明代建筑师
太湖国家旅游度假区环太湖大道附近
王鏊纪念馆　明代文渊阁大学士
东山景区惠和堂
王韬纪念馆　清代思想家
甪直中市下塘街6号
暴式昭纪念馆　清代廉吏
西山国家地质公园内
沈寿故居　清代刺绣大师
木渎镇山塘街47号西施桥旁

太仓市

沈万三故居　元末明初富商
周庄风景区内
顾炎武故居　明代思想家、经学家、史地学家、音韵学家
南大街52号
叶楚伧（cāng）故居　近代诗人、政治活动家
周庄镇西湾街19号

常熟市

吴历故居　清代书画家
东言子巷13、17号
瞿绍基故居　清代藏书家
古里镇文昌街铁琴铜剑楼
翁同龢（hé）故居　清代户部尚书，同治、光绪帝师
书院街翁家巷门2号
曾朴故居　近代文学家、出版家
翁府前7号

昆山市

王锡爵故居　明代首辅，武英殿、建极殿大学士
城厢镇新华东路60号
张溥（pǔ）故居　明代文学家、复社领袖
厢镇西门街8号
吴健雄故居　现代物理学家
浏河镇中心北街明德初级中学校园内

张家港市

孙承恩故居　清代状元　凤凰镇恬庄北街杨宅